あなたは、なぜ、つながれないのか

Le rapport et les connaissances incorporées

ラポールと身体知

高石宏輔

春秋社

†プロローグ

渋谷のスクランブル交差点は世界で一番交通量が多いと言われている。

僕はいつもここで人と待ち合わせをしてきた。

あるときはナンパした女の子とのデートのために、あるときは風俗で働きたいという女の子の面接のために、あるときはナンパの講習のために。今は、カウンセリングのクライアントと待ち合わせをしている。


この場所で、顔を上げて、目を開けて、周りにいる人の顔を見ながらずっと気持ちを落ち着かせて立つことは難しい。

少しでも他人を怖いと思うと、それができない。他人と目を合わせるのが怖くなり、姿勢は少し前屈みになってしまう。目の前にあるすべての目を見るつもりで、周りに意識を向けてみると、身体の中に周りの人たちの意識が入っては抜けていくことがくり返されているように感じる。

いつもこうして立ってみて、今の自分のコンディションを確かめる。

ぎこちなく動く人々の流れが僕の方へと押し寄せてくる。

彼らの動きは固いが、それぞれがギリギリぶつからないようにして動いている。皆、殻に閉じこもって周りを見ないまま、この人の多い場所を通り抜けようとしている。周りに気を配る余裕はない。仕事や、互いに圧迫し合う人間関係に疲れているからかもしれない。

老婆がその中でなんとかゆっくり歩いている。

多くの人が彼女に当たらないよう、彼女の横をすれすれで避けて追い抜いていく。皆、彼女を他の人とは違う速度でイレギュラーにゆっくりと動く「モノ」としか認識していないように見える。

周りのビルに取り付けられた広告用のスクリーンからけたたましく流れる音楽や映像が、彼らの殻を貫き通そうとしている。彼らには気づかれないうちに、その音や映像のいくらかは、彼らの耳や目を通って内部に入り込んでいる。そして、残りのいくらかは彼らに受け取られることを拒否されて、彼らの殻を刺激し、ストレスを与えて、その殻をさらに強くするきっかけを与えている。

周りを見ず、自分の殻に閉じこもって動いていた人々は、群れると突然大きな声を出す。閉じていた殻が突然開いたというよりは、殻を閉じたまま刺激に負けじと叫んだり、笑ったりしているように見える。その笑いは、楽しいから笑っているというよりも、自らの存在をアピールするためにしているかのようだ。

彼らの大きくて高い声が周囲の刺激と混ざり合いながら、僕の耳に乱暴に流し込まれる。彼らの強張った激しい動作もまた圧迫感を与えてくる。身体の中に嫌な緊張感が流し込まれたような感じがする。それを拒絶すれば、僕にもまた殻ができてしまう。呼吸をして、その緊張感を身体の中に流し込み、その流れを感じて、それらが僕の身体から出ていくのを待つ。

サラリーマンが全身を強張らせ、肩をいからせたまま、ずんずんと近づいてくる。彼は僕の存在を、先の老婆同様にただの「モノ」のように思っているのか、速度を緩めずに通り過ぎていく。僕の身体は一瞬緊張する。その緊張を、呼吸を止めないようにして流す。

*

ここで生きていくためには、彼らよりももっと大きな声を出して、彼らにぶつかっても勝てるような、もっと硬くて強い身体を手に入れなければいけないと思っていた。

僕も楽に生きていくために殻が欲しかった。


居酒屋のキャッチや水商売、風俗、芸能のスカウト、ナンパ師。彼らはこの殻に閉じこもった人たちが集まる場所で、見知らぬ他人に声をかける。彼らはこの場所を何事もなく通り抜けたいと思っている人々とは対照的に、ただただ無遠慮な関わりを他人と作ろうとし続ける。

彼らは拒絶には慣れている。

彼らは無視されても何とも感じない、硬直した身体をすでに手に入れている。

僕にスカウトを教えてくれた上司に、風俗嬢との会話がなかなか噛み合わず難しいと相談したとき、上司は彼女たちについてこう言った。

「そりゃ、毎日おっさんのチンポを舐めてたら気が狂うやろ。あいつらはおかしくなってんねん」

それを聞いて、僕は安心した。僕がおかしいのではなく、彼女たちがおかしいのだと思えた。しかし、スカウトをしている僕も同じだと思った。

毎日、おっさんのチンポを舐めたり、好きでもない人に好きだと言って、自分の感覚を殺しながら仕事をしている人たちに、無視されながらも声をかけていたら気が狂う。

人は、自らの欲望に従ってしか他人に対して働きかけることができないのだろうか。

＊

男性が僕にぶつかった。

硬い肩が僕の肩に衝撃を与える。そして、舌打ちが聞こえた。ぶつかった衝撃は僕の中で怒りという感情に変わる。

そのとき、スカウトで声をかけたときのことを思い出した。西武デパートの前で三〇歳くらいの女性に声をかけた。それなりにきちんとした服装をしている人だったが、どこか動きが歪で、生活に不満がありそうだと思い、彼女の殻を破るため、人を欺くために身につけた笑顔で声をかけた。

このときすでに僕もまた硬直した身体を手に入れていて、そのうえ、他人の殻を貫いて破る武器も手に入れていたのだった。そして「街にいる無感覚になった人間を風俗に落としたい」と、何かに対する復讐のような気持ちを抱いていた。

「すいません、スカウトなんですけど……」

目が合った。「これは怒りのこもった危ない目だ」と思うや否や、彼女は金切り声で叫んだ。

「あんた！　私がそんな仕事すると思う!?　ちゃんとした仕事してるんだけど!!　見たらわかるでしょ!!」

この女性は僕に叫んでいた。しかし、彼女の叫びは、僕とは関係のない別のところから溢れ出てきたように感じた。

肩がぶつかった彼の舌打ちもそうだ。

彼らは殻にこもって歩いていた。けれど、ちょっとした刺激で殻が破れて、感情が溢れ出したように見える。一見分厚いけれど、脆くて敏感な殻。

殻にぎゅうぎゅうに閉じ込められた行き場のない感情は、溢れ出すきっかけをいつでも待っている。

そして、そのきっかけはそこら中に転がっている。

僕は彼女からさっと身を引いて、逆方向に退いた。

彼女の逆上は相手を失って路上に残った。

僕は見も知らぬ彼女に復讐したくて、彼女に話しかけたのではない。自分の閉じ込められた感情をぶつける標的に、たまたま彼女を選んだだけだ。別に誰でも良かった。

そして、いったいどんな感情が自分に閉じ込められていて、何のための復讐をしているのかを自分では知らなかった。ただ他人を攻撃したい気持ちだけがあった。

彼女の怒りもまた、そうだったのではないだろうか。たまたま自分の中に溜まった怒りをぶつける相手が現れただけではなかっただろうか。

そのとき、僕の殻は破られるどころか、より強くなっていた。彼女の破られた殻もまた、その嫌な体験の後により強く修復されたかもしれない。

――人と接するということは、自分の内面を隠して、殻に閉じこもって、虚勢をどれだけ張れるかを競い合うゲームでしかないのだろうか。

あなたは、なぜ、つながれないのか——ラポールと身体知　目次

第3章 コミュニケーションを見直すいくつかの方法について——47

第6章 トランスを「生きるための技術」として考える——147

あなたは、なぜ、つながれないのか——ラポールと身体知

第1章

ありふれた日常には特別な発見がある

……プルーストをして、彼と同じような人々にだけ音と感覚の錬金術がわかり、人生の否定的現実を芸術の本質的な意味深い輪郭に移すことができるようにした人生の描写のデフォルマシオンをさせたあの啓示の力を、ぼくは、ふたたび経験した。

ヘンリー・ミラー『北回帰線』

▼1　パターンを壊すことからコミュニケーションを始める

他人と話していて、ふと自分のことを自分でないように、どうでもいいものとして感じてしまうことがある。自分を客観視しているのとは何か違う。「またいつもと同じような話をしているな」と思うような、そういうぼんやりとした虚しい感覚だ。そんな感覚を抱きながらも、いつも通りに愚痴や悪口を言ったり、現状の不満を、他人や環境のせいにしながら吐き出す。

聞いてくれる相手からは「そういうものだよ」と、その狭く、つまらない世界にさらに自分が閉じ込められる慰めが与えられる。何かに向かう熱狂は湧いてこず、この場所、現状に留まり続けるのだろうなという感覚。もちろん、このままでいることが好きなわけではない。

しかし、この会話がなくなってしまったら、他人との関わりがなくなってしまう。発展性のない会話だけど、それをなくしてしまえば、独りになってしまう。それは時間を潰すためだけにつけられたテレビを見ることや、なんとなく手持ちぶさたにスマホをいじくってSNSを見ることに似ている。

不毛な話し相手を選び、不毛な会話をするというパターンをくり返しているということを、自分では気がついている。だから、ときどき、人と会うことが憂鬱になる。だけど、会わないよりはマシだと思って会ってしまう。

他人同士の会話を聞いていてもそうだ。その会話は彼ら以外の誰かもしていたような内容で、彼らも心から楽しんでいるようには思えない。

年上の人から受ける説教、また年下の人へする説教。友人との、愚痴や不満の言い合い。街で出会った女の子とも、いくつかのタイプに分類されるような会話のパターンを受け止めて、彼女たちが求めていることを察知して、彼女たちの期待通りに会話を進めて口説いていく。それらは僕がしなくても、周りにありふれている。

会話をして、相手とより親密になるわけでもない。ましてや、会話をきっかけに互いに自分自身をより良く変化させていくわけでもない。

そんなパターン化された会話を壊す方法はないものだろうか。

かといって、常々相手に感じている不満を、本人を前にして喚《わめ》き散らしても仕方がない。勇気はいるが、それで人間関係をきちんと築けるとは思えない。

こんな同じことのくり返しでしかないような会話をせずに、丁寧に相手に自分の気持ちが伝えられていれば、周りの人たちとの会話を疑いなく楽しめていたに違いない。そうできていないのは、自分のこれまでの他人との関わりの積み重ねによるものだ。そのときどきに、自分の気持ちに嘘をついて他人と関わり続けた結果だ。

どうすればよいのか。

そのためには、自分がどのようなパターンをとり続けているのかを知る必要がある。同じパターンをくり返しているときは、自分がそれをしていることに気がついていない。「何をしているか自分では分かっているつもりだ」と思うかもしれない。分かっている部分はいい。でも、分かっていない部分を知る必要がある。

パターン化している生活を送っている自分の、自覚していない動きの癖、そのときの自分の気持ちや、見過ごしている相手の反応……そうしたものを細かく見ていけばいくほど、自覚していなかった自分を発見できる。今の自分がどのようなパターンのコミュニケーションをとり続けているのかということを知ると、自然と振る舞いが変わる。無意味なこと、無駄なこと、逆効果なこと、自分を不幸にすることでしかないことを、良かれと思って進んでやってしまっていることに気がつく。

今まで気づかずに続けてきていたパターンを見つけることができたら、同じようにはし続けられない。他人から指摘された悪い癖は「気をつけなければ」と思いながらも、くり返してしまう場合が多い。しかし、自分で気がついたものは、自然とやめるようになる。

それらがやめられていったとき、自分がいかに無駄なことをしていたか、自分がいかにエゴで動き、他人を見ておらず、そのせいで不適切なことをして、他人を遠ざけてしまっていたかが分かる。

しなければいけないことを身につけるのではない。してはいけないのに、知らないうちにし続けていることをやめるだけでいい。

この本では、僕自身が取り組み、試行錯誤してきたこと、カウンセリングや講習で人に伝えて感じたことを書いていこうと思う。それは誰にでも通用する一般的な真実やノウハウというものではないが、その一方で、できるだけ磨いて純度を高めていけば、いろいろな人の役に立つように伝えられるのではないかという思いがある。

しかし、結局は個人の経験によって得た、一人の人間の思考や感覚の扱い方である。

僕としては自信を持って届けられるものだが、参考程度に軽く読みながら、好きなように使ってもらえればと思う。そのようにした方が、書かれたことを鵜呑みにするよりも、僕が伝えたいことを自分自身の感覚を使って理解していただくことにつながると思う。

▼2　改善の方法は自分の中にある

僕はもともと人見知りだ。元から明るく振る舞える人が、簡単そうに、さりげなくやってのけるようなことができない。しかし、「明るく振る舞えるようになるために、まず考え方を変えなさい」と言われると、うまくできない自分のことを馬鹿にされたように感じて腹が立つ。かといって、「性格の問題だから仕方ないね」と言われると、もうどうにもならないと決めつけられたような気がして、これにもまた腹が立つ。

それならそのままでいるしかないのでは……と他人には呆れられてしまうかもしれない。しかし、僕は苦手なことに惹かれてしまった。それが他人と話すことだった。

コンプレックスをバネにして頑張れということを書きたいわけではない。たまたま自分は会話が苦手で、それにコンプレックスがあったというだけの話だ。その中で考え、行ってきたことは根性論ではない。明確なやり方がある。もしかしたら自分のやり方が誰かの役にも立つかもしれないと思って、講座やナンパ講習で教えながら、自分だけではなく、他人にも適用できるようにやり方を磨いてきた。


僕ははじめ、どのようなパターンで会話を組み立てれば良いかということを考えた。僕が接してきたクライアントの多くもそうだった。まずは形を整えることから始める。しかし、遅かれ早かれ気づくことになる。形をいくら整えても、何かうまくいかない。僕が会話を組み立てることに一生懸命になっているのに、黙っていたってうまく人と仲良くなれる人もいた。ちょっとした二言三言で、ぐっと人の心を掴む人もいた。

それを見ると、どうやら、たくさん話せばうまくいくものでもないらしいことに気がつく。

コミュニケーションが苦手な人は、無理して話し上手になろうとする。けれど、たくさん話すことは疲れる。よほど話したいことがあるのなら別だが、他人に気に入られるためにそれをやるにはエネルギーが必要だ。話すだけではエネルギーを使っているにも関わらず、煙たがられてしまう。

ただ目の前にいるだけで安心させてくれる人もいれば、いるだけで人を疲れさせる人もいる。この人とは話したいなと思える人、そうは思えない人がいる。

人とうまく接するために、ぺちゃくちゃ喋っているが、実は無駄な努力をしているだけかもしれないと段々と疑うようになった。

うまくいっている人たちは、堂々としていて、リラックスできているものだ。

じゃあ、どうやってリラックスしようか。

見せかけでリラックスしても、違和感がある。しかし、見せかけでもリラックスしようとすると、なかなかリラックスできないことが分かり始める。自分はこんなにも他人と向き合ったときに緊張していたのだと気がつく。必死に話していたときには気がつかなかったことだった。

無自覚に緊張して、わけの分からないことを口走ったり、知らない間に強張った表情をしてしまっている。不安、恐怖があり、身体は緊張している。その気持ちと身体の状態を自分で見つめていくと、自分自身の反応のパターンが分かり始める。こんなときに、こんな不安や、恐怖があって、それによってこんな身体の反応をしてしまっていると。

それは生まれつきの性格や、変えられない考え方ではない。知らないうちに起こってしまっている反応だ。その**反応を変えることは簡単にできる。**反応のプロセスを丁寧に追えば、余裕を失って知らないうちにしてしまっている反応がなくなり、次第に余裕を持って相手に向かい合うことができるようになる。

それから、普段から緊張していて、その緊張に自分では気づけないようになっていると、自分の気持ちも感じ難くなってしまっている。そうなると、自分がどんな気持ちでいるのかを知らず、自分がどんな振る舞いをしているのかも知らず、コミュニケーションをとり続けてしまう。

そうすると、自分の気持ちが分からなくなる。そして、他人の気持ちも想像できなくなる。ただ、他人に悪く思われていないか、何の手がかりもなく怯えるだけになる。怯えて、安全を確保しようと、自分の気持ちも相手の気持ちも分からないまま、表面上だけ上手くいっているように見えるコミュニケーションの手段を身につけようとしてしまう。それでは自分の気持ちと振る舞いがちぐはぐになって、一向に振る舞いが改善されないどころか、ますます酷くなっていく。

表層的な手段を身につけるのではなく、自分が他人と接しているときにどのようなことを感じ、どのように身体が動いたのかを静かに丁寧に見つめていくと、コミュニケーションの中での所作や言動が改善されていく。

そして、自分を観察し、目の前の相手を観察できるようになったとき、相手よりも早く判断し、動くことができるようになる。

▼3 環境から影響を受け、影響を与えてもいる自分に気づく

ある状況で同じような反応を無意識にくり返すことで、その反応は強化されていく。誰にでも会話の癖がある。**その癖が反応だ。**癖で動いているとき、人は目の前のものも自分の感情も十分に感じてはいない。そのような癖で自分の対人関係が構成されていくと、徐々に自分の感情を感じることから遠ざかっていく。

いつも行くカフェに不貞腐れた顔をしてレジ打ちをしている女の子がいる。

彼女は他のバイト同士が仲良くお喋りをしているときも、まるでそこにいないかのように扱われている。接客のときの声は小さく、おどおどとしている。彼女にとってこのバイトは

心地良いものではないどころか、働けば働くほど不快感が積み重ねられていくものであるように見える。

だけど、彼女は毎日この小さな不快感を味わいにこの店に出勤しているのだ。

彼女はだいたいレジにいる。

「こちらでお召し上がりですか？」

「はい」

「店内用のマグカップでもよろしいですか？」

「はい」

このやりとりの中の「店内用のマグカップでもよろしいですか？」を彼女に言われると少し嫌な気持ちになる。他の店員に言われても、なんとも思わないのに。

他の店員は「ご協力お願いします」と明るい感じでそれを言っている。それに対して彼女は「断られたらどうしよう」という感じでそれを言っているように感じられる。そのおずおずとした微妙な言い方をされると、何か断りたいものを受け容れなければいけないような気持ちになる。それが他人を不愉快にさせることに、彼女は気がついていないのだろう。

また、彼女が「断られたらどうしよう」と思っているとしたら、いったい僕を含めたお客さんが店内用のマグカップを使うときにどんな気持ちになるか、店内用のマグカップを使うことを断る場合もあるのだろうかと、お客さんのことを考えたことがあるのだろうか。

拒絶されることへの怖さにばかり強迫的に、しかし曖昧に意識を向けているせいで、自分がそのような癖を持っていることも、もし改善できるとしたらどのようなことができるのかということも考えないままに、毎日接客をしているのかもしれない。

そういったちょっとした対人関係におけるストレスは、街の中を歩いていても訪れる。道ですれ違う人がまったく道を譲る気配がないときも、小さな不快感を味わう。

彼女のような店員に注文をすることは心地良くはない。それを我慢して、僕はコーヒーをほぼ毎日頼んでいる。そこはビジネス街のカフェで他のお客さんたちはその彼女を見てもいない。彼女と目を合わさずに注文をする。そのとき、彼女のおどおどとした声がそのお客さんの耳に入る。その声が耳に入ってしまえば、お客さんの身体は必ず反応してしまう。心地良い声や音を聞けば、気分が良くなるように、反対のことも常に起こっている。だけど、そんな反応が起きていることをお客さんたちは気づいていないかもしれない。もしそうだとしても、**気づいていても、気づいていなくても、日々の生活の中では、自分にも、相手にも、さまざまな反応が起こっている**のだ。

そうやって普段の環境の中で自分の心身には無数の反応が起きている。心地良さを味わってリラックスすることもあれば、強く不快感を覚えて怒ることもあるだろう。

強い反応なら分かりやすい。しかし一方で、気づかないほどの小さな反応もある。自分の自覚していないパターンは、そういう気づいていない小さな反応があったときに起こっている。その反応に気づいたときに人は変わることができる。

カフェの女の子は「いらっしゃいませ」とか、「ご注文はお決まりですか?」と聞くことにさえ、不快感を味わっているように僕には見える。発声をする瞬間に、接客中の彼女に満遍なく漂っている不貞腐れた感じにさらに、嫌々接客しているという感じが混じっていき、彼女の雰囲気がさらに悪くなるからだ。

発声するとき、彼女の眉間には皺がより、肩には力が入り、少し下からこちらを覗きこんでくる。

これは僕自身の感情や感覚を彼女に投影して、彼女がそのように動いていると思い込んでいるだけかもしれない。他人を観察するときはなるべく細かく見ることが大切だ。気になる小さな動きを一つずつ捉えていく。しかし、いくら細かく捉えたとしても、それは決して正しいものだとは言い切れない。観察されている当人にすら、それが正しいのかは分からない。他人を見て、自分がそう感じたということを大切にしながら、それを疑う姿勢を失ってはいけない。

僕自身の生活にも満遍なく、僕らしい感じが漂っている。それを細かく見ていくと、あるときには心地良い方向へ振れ、あるときには不快な方向へと振れていることが分かる。

心地良いものを見つけたら、その瞬間を大切に扱う。それは単によく通る道から見えるある風景でも構わない。僕はそのカフェから見える夕暮れの風景が好きだ。横断歩道をそれぞれの速度で渡る人たちが見える。やっぱりいい景色だなと見ていると、自分のことを繊細に感じられる心地良い状態になるのが分かる。

反対に、不快なものを見つけたら、おっ！　と立ち止まる。知らないうちにこんなものが日常の中に紛れ込んでいたのだということを発見する。別に歓迎したわけではない。カフェでのやりとりのように、それは勝手に侵入してくる。

見つけたら今後はそれ自体を避けるのも一つの手だ。しかし、避けることのできないものなら、これが嫌だと思いながらもしばらくくり返していたんだなと、自分自身を感じてみる。**どうすれば良いかなんて考えなくていい。ただじっと、その嫌な感覚を自分が感じていることを観察してみる**と、自ずとどうすれば良いかが見えてくる。考えて作り出す選択肢などよりも、自然と思い浮かぶ別の手段の方が遥かに優秀だ。いかに考えることが自らを今のままの状態に閉じ込め、思い浮かぶちょっとしたアイデアが新しい道を開いていくか。

あるとき、女の子に、

「店内用のマグカップでもよろしいですか？」

と聞かれたときに、

「いいですよ」

と明るく返事をしてみた。

彼女はハッとした感じでこちらを見た。

僕もまた、彼女の言い方に対して、彼女を避けるように「はい」と簡素に答えていたのだ。僕が癖でしてしまっていたその反応を変えたときに、彼女は顔を上げた。二人ともいつもと違う反応をしたのだ。

人は互いの環境に影響を与え合って生きている。そして、自分の反応を自覚して変えるだけで、環境は改善され、自分もまた改善された環境に対してより良い反応をするようになる。自分は環境から影響を受け、環境に影響を与えてもいることを知り、自分自身の振る舞いを見つめて変えることで、自分も周りも変わっていく。

第2章 僕はコミュニケーションが苦手だった

あのときああすればよかったと
そんなやくざな仮定法があるばっかりに
言葉で過去を消そうとするけれど
目前の人っ子ひとりいない波打際は
目をつむっても消え去りはしない

谷川俊太郎「後悔　五つの感情・その一」

▼1　くり返し思い浮かぶ失敗の記憶

話していても、思ったことが伝えられていないと思うことがある。伝えたい思いはあるが適切な言葉が見つからない。また、何かを言うタイミングも逃してしまう。返答しなければと思い、焦って口から出た言葉は思ったこととは違うし、落ち着いて相手に合わせたというよりも、相手が違和感を覚えるような急なタイミングで飛び出してしまっている。

相手の表情も、こちらがうまく伝えてくれないことに困惑しているように見える。あるいは、こんな自分を馬鹿だと思っているような表情をしているように見えることもある。それらを見ると、余計に焦って、もう自分が何をしているのか分からなくなって、この状況を放棄したくなる。

うつ病、パニック障害になり、精神科に通っていたときはいつもこんな調子だった。自分の気持ちと口にする言葉がズレている。また、相手と自分のリズムもズレていて、話すタイミングが分からない。そのズレの心地悪さがどんどん他人との距離をとらせる。

いつも一人になったときに、そのズレのもどかしさを感じた。恥ずかしく、悲しい。そのことが思い浮かぶと、なかったことにしたくなる。そして、またその状況がくるのが怖い。きっとまた同じ目にあってしまうだろうと思って不安になる。

そうした失敗の記憶は、ふとしたときに自分の中で何度も自然と再生される。それが再生されるがままに、僕は自分の無能を感じるだけだった。

「あのとき、何を言えば良かったのだろう」と思い返して考えるようになったのは、ナンパを始めたときだった。

僕は道端でナンパを始めた。まったく誰も話を聞いてくれなかったが、ナンパで自分のコミュニケーションを変えるのだと思って、毎日やった。

誰も話をしてくれないことが悔しくて、会話の流れをフローチャートにした。一週間ほどは挨拶をして、無視をされるだけだった。家に帰ってから、無視をされたときに話すことを何通りか考えて、また次の日にやってみた。

「あのとき、何を言えば良かったか」、その答えは、それまでも浮かび続けていた失敗した記憶の中にあった。

僕は失敗した記憶を思い出し、それを見つめることを怖がって避けていた。そして、そんな出来事はなかったことにしようとしていた。

恥ずかしい思いをし、苦い経験を味わったとき、僕は相手に何を思っていたのか。どのように振る舞いたかったのか。何を言いたかったのか。

そのときの嫌な記憶の中に自ら入っていき、屈辱の中で新しい方法を見出す。自己嫌悪を味わうのが目的ではない。自分の人生を進ませるために、それまでの拙いコミュニケーションをとり続ける以外に、他にどんな良い方法があるのかを見つけたかった。

それまでは諦めたり、他人のせいにしたりしていたが、そうして失敗した記憶の中に留まることで、ようやく自分自身のコミュニケーション自体を見つめ直すようになった。

▼2　話していても話せている気がしない

自分がいったい何を話しているのか分からなくなったこともあった。分からないけれど、止まれない。何を話せばいいのか、必死で自分の頭の中に言葉を探し、実感のこもっていない、話したくもないことを話し続けてしまう。酷いときはもうそれでいいやと思っている。

反対に、自分がそういう人を前にしたとき、こちらも困惑する。その人が話したいことを話しているわけではないような気がするが、どうしてあげたら良いか分からない。話を止めてしまったら、気を悪くしてしまうのではないかとも思ってしまう。
そして、そういった実感の込もっていない話を聞くことは僕もつまらないし、つらい。

世の中には優れた会話の受け取り手がいること、自由で躍動感のある会話があるということを知ったのはもっと後の話だ。自分の中に浮かんだイメージを相手に好きなように伝え、それを受け取ってくれるかどうかを心配する必要のない会話。受け止めてくれるという確信を持たせてくれる相手がいる。
その相手が僕の言葉をどう受け止めて、どう反応してくれるかを楽しみにしながら話をする。途中で「あ……やっぱりそうじゃないかも……それで……」というように、自分の中に浮かんでいるものを気儘に探りながら、言葉を紡いでいく。自分の中のさまざまな感情が溢れる、幸福な時間だ。

うまく話せないと思っていたとき、僕は感情に蓋をしていたのだと思う。だからといって、感情の蓋をどうにかして開けて自由になろうとしたわけではない。その蓋は自然ととれた。その蓋を開けようと試行錯誤したのではなく、自分のコミュニケーションをいかに改善するか、具体的な訓練を行い続けた。そうすると、知らないうちに自然と蓋はとれていた。

ある一つの大きな転機が訪れた。自分のコミュニケーションを見直し始めてから一年は経った後だったか、僕の前にその相手が現れたときだった。

ある日の夜、僕は池袋でナンパをしていた。襟と裾にファーのついた上品なコートを着た女性に声をかけた。彼女には無視をされたが、それまで声をかけてきた相手と何かが違うように感じられた。ただの無視ではない。相手が僕の言うこと、挙動に敏感に、繊細《せんさい》に反応をしているような気がした。彼女はこちらの目を一度も見ていない。僕はそのまま話し続けた。自己紹介、仕事のこと、彼女を見てどう思ったか……話すことがなくなったので最近観た映画のことも話した。彼女は僕の方へは顔を向けなかったが、僕の話のテンポに歩調を合わせ、僕のリズムを感じているように感じた。

そのときの僕は、一生懸命に無理に話しているというより、彼女に吸い込まれるように自らの語りを彼女に注ぎ込まされているようだった。

「よくこんなに話すなと思ってますよね」

「そうね」

彼女が笑った。それが彼女が初めて発した一言だった。

「あなた、よくこんなに声を上手く使って話せるわね。私に合わせて声を出して話してるのは分かるわよ」

実際にそうだった。僕は彼女の歩くリズム、彼女の身体の緊張具合に合わせて、彼女が発

するであろう声のトーンを推測しながら、そのトーンで自分の声を出していた。そう言われて少し得意になったのは束の間、

「でも、あなたのしている仕事の話は嘘ね。そこだけ声が違うもの」

そう言われて、びっくりした。そのとき実際にしていた仕事は風俗のスカウトマンだったが、それではイメージが悪いと思い、カウンセラーということにしていた。ナンパをしていてそんな指摘を受けたのは初めてだった。のちに、彼女は大きな会社の重要なポストについている女性だということが分かった。さまざまな交渉を潜り抜けてきた話などを聞いた。それまで僕が声をかけてきた女性の無視とは明らかに違う雰囲気を感じたのは、寧ろ声をかけて彼女をなんとかしようとしていた僕の方が彼女に一瞬で見抜かれ、誘導されていたからだった。

仲良くなって、色々なことを話していった。そして、こんなに話していて楽しい相手がいるのだということを教えてもらった。会話は他人とのずれを感じて苦々しい思いを味わうものでもなく、コミュニケーションの技術はその苦々しさをできる限り回避するためのものでもない。**思い浮かんだことをいかに自由に、丁寧に伝えていくか。また相手のそれをどれだけ受け止められるか、それを楽しむことが会話である。**そのときには気づかなかったが、彼女は僕にそれを会話をしながら伝えてくれていた。

ナンパを薦めたいわけではない。誰にでも、自ずとそういう機会は訪れるし、既に訪れているかもしれない。その相手は友人、恋人、何かを教えてくれる先生かもしれない。誰とでもその可能性がある。他人のせいにばかりしているときの自分の前にはそんな相手は現れなかった。もしかすると、現れていたのかもしれないが、僕自身に準備がない状態では、その機会が訪れていることに気づくことができていなかったのかもしれない。

▼3　自分の話ばかりされる

自分の話ばかりしてくる人がいる。自分の思うこと、経験したことを話し続け、酷いときにはその上にこちらへのアドバイスまでつけてくる。すべてがその人自身の中だけに収まっていて、他人の世界を知ろうとはしていない。聞いている僕が入り込む余地はない。相手にとって、話すのが僕である必要もなさそうだ。

そういう話は流暢に進んでいくことが多い。おそらく、いろいろな人に何度も同じ話をしているのだろうとも思える。

そして、話していくうちに、本人だけは徐々に気持ちがすっきりとするものらしい。彼らは僕とそのように話すと「楽しかった」と満足した表情で言って去って行くが、その後取り残された僕は疲弊し、寂しさを感じる。聞き手として消費されたような感覚だ。話をする方は楽しいから、それが僕を疲れさせてしまっていることには気がつかない。果たして彼らは、僕がいなければその話ができなかったのだろうか。それは他の誰かでも良かったのではないか。また他の誰かであったとしても……僕と同じ不幸が起きる。そういうことをされる度に、この人の話し相手は自分でなくてもいいのだろうと思った。その話は僕に届けられているわけではないのに、僕は受け取らなければいけない。

そのような会話を続ければ続けるほど、聞き手となった僕が彼らと会いたくなくなるということを、その人たちは気づかなかったのかもしれない。僕はそれが嫌なことを彼らに言い出せず、連絡がきても返事をせずに、突然関係を断つことが多かった。

それが嫌だということを、僕はそのようにしか表現できなかったのだった。

▼4　寂しさからつまらない会話に縛られる

一方、僕は寂しかったために、そういう状況になると拒絶したり、一方的に話されることが嫌だということが言い出せずに聞き続けてしまっていた。彼らに悪気はない。僕に嫌なことをしようとして、そうしているわけではない。彼らにとってはそれがいつものコミュニケーションなのだ。僕がいなくなれば、また別の相手に同じことをしているだろう。
そうして同じことをくり返していくものなのだ。

僕もまた同じだ。そうした一方的な会話を求めてくる人たちの一人を拒絶しても、また別の人との同じような会話に付き合うことになる。話してくる人の話を聞いていると自分が他人に求められているような気持ちになり、少し安心する。しかしまた時間が経てば、延々と聞かされることに疲れてくる。相手に嫌悪感を抱き、また連絡を断ち、また別の似たような人と出会うことになる。くり返せばくり返すほど、パターンが明確に見えてくる。

寂しいときに彼らの誘いに乗らなければ、自分一人で寂しさを感じ続けなければならない。結局のところ、僕はいつも他人の話を聞くことで、自分の寂しさの一時的な解消をしていたのだ。

▼5　愚痴を言われ続ける

他人との衝突を避けようとすると、相手に感じている違和感をなかったことにしてしまう。僕はそうすることでたくさんの衝突を避け、またそれによって延々と愚痴を聞かされ続けてきた。愚痴を言う人間に対して、「どうもこの人は自分のことを正しいように言っているけれども、この人が悪い気がする」と思う。でも、それは考えすぎかもしれないと思って流してしまう。また、それを言って相手を怒らせてしまってはいけないとも思う。

愚痴を言う人間は僕のことを低く見積もっている。気がつかないと思っている。もしくは、気がついていたとしても、それを目の前の本人には言えないと思っている。

そして彼らは、不満を言いつつも「自分が悪い」ということを、程度の差こそあれ、薄々は分かっている。しかし、それをこちらが見透かしたり、指摘したりすることはないだろうと見積もっているから、自分は悪くないとばかりに愚痴が言える。

実際に僕は彼らに対して、

「あなたが悪いだけでしょ」

とは言えなかった。愚痴を言っている人間が他人のせいにばかりしているだけで、本当は本人に問題があると、気がついていても言えない。相手は僕がそう思っていることは分かっていなかったかもしれない。そう思わなさそうだからか、あるいは、思っても言えなさそうな僕だから、愚痴を言えたのだ。

自分を見透かしそうだと思う相手には愚痴は言えない。愚痴を言う人間は、言う相手を巧妙に選んでいる。その中で僕は不名誉にも選ばれたというわけだ。

愚痴を言われ続けていたとき、僕は相手の言ったことを受け止めてはいない。どう反応していいか分からず、言うことを聞いていただけだ。受け止めていたなら、それに対して正直に思ったことが言えただろう。受け止めずに、無難に聞いて、目の前の相手に合わせることばかりを考えているから、知らないうちに表層的に受け止めたフリばかりしなければいけなくなる。

そして、自分の表面に他人からの愚痴、ネガティブな考えという塵が積もっていって、その積もった塵の重さで身動きがとれなくなってしまう。受けた塵をきちんと払ったり、塵が積もる場所に行かなければ、そんなことにはならないけれども、塵が積もって、その場所から動くことができないままになってしまう。そうなると、自分がどう感じているかをどんどん無視して、また相手に自分の思ったことを伝えることを諦める。そうやって、会話の中の違和感、嫌悪感を味わわないようにした結果、どんどん他人にとって都合の良い人間になっていっていた。

キャバクラや風俗のスカウトとして声をかけた女の子の多くは愚痴やわがままな要求を言ってくる。今までのお店の不満だったり、風俗はやりたくないとか、給料はこれくらいじゃないと嫌だとか、週にこれくらいしか働けないとか。はじめの頃はそれを必死に聞いて、その条件に合うようなお店を探していた。しかし、そんな彼女たちのわがままに合うような都合の良いお店はないから、結局お店を紹介できず、お金にならない。

あるとき僕の上司が、僕がつかまえた女の子との会話に入ってくれた。いつも通り女の子は愚痴やこれまでの不満、無理な要求を言ってきた。上司はそうかそうかと聞いた。彼女の望む給料や働く時間を考えると、水商売ではなく風俗しかそれにあった条件の店はない。しかし、彼女は風俗はしたくないし、したことはないと言う。

上司が言った。

「その条件やと難しいなぁ……」

僕はそうだよなと思った。仕方ないか……と思った瞬間、

「君、体売ったことはあるやろ?」

一瞬何が起こったか分からなかった。僕はそんなことは相手に言ってはいけないと思っていた。その言葉はシュッと、女の子に矢のように射られた。

「え?……あ、はい……」

矢は的に命中していた。彼女はバツが悪そうに頷いた。嘘をついていたのだ。もし僕だけで面接していたら、「じゃあ条件に見合うお店はないから無理ですね」と終わっていた話だ。

上司ははじめから風俗をやったことのある女性だと彼女のことを観察していた。僕は必死に

彼女の話を言葉通りに聞いていただけだったのだ。**圧倒的な観察者の前では、人間は嘘をつけないものなのだ。**彼女はもう愚痴を言わずに、上司が提示するいくつかの風俗店の条件について素直に聞き、お店に面接に行くことになった。

愚痴をどう聞いてあげようか、どう聞き流そうかと考えているうちはどうにもならない。自分の都合の良いように事実を脚色して「自分は悪くない」と愚痴を言っている人間が本当は何を考え、何を隠しているか。それが見えたときに、どうすればいいかが分かる。

▼6　相手からどう見られているか気になってしまう

自分がどう見られているか気になっているときほど、「自分がどう見られたいのか」がはっきりとしていない。気になっているけれど、何も気にしていない。気になっているから、現実を認識したくない。だから、いつまでも漠然と自分がどう見られているかを気にし続けている。

この問題を解決するには、自分自身が他人とコミュニケーションをとっている姿を見る必要がある。友だちとの会話を数分間でもスマホで撮ってみるだけでもいい。これが恥ずかしく、ハードルの高いことだということは分かっている。数分が難しければ、数十秒でもいいし、写真だけでもいい。それだけでも自分に対していろいろな発見があるだろう。

僕が初めて自分のことを気にしたのは声だった。セミナーの講師のトレーニングを受けているときに、その練習で録音をすることになり、録った声を聞くことになった。自分の声がどんな声なのか、はっきりとは知らなかった。たまに相手の電話から跳ね返って聞こえてきたりして、聞いたことはあったが、ぼやっとした低い声で何か気持ち悪いと思い、聞いていないことにしていたように思う。

しかし、それは声が好きではないというよりも、自分が嫌いというだけのことだったのだろう。しかも、自分のどこが嫌いなのかも分からず、ただ漠然と嫌いだった。もし自分が何かに秀でた人間であったりしたら、反対に漠然と自分のことを好きだと思えていたのかもしれない。漠然と自分が嫌いな自分が、はっきりと自分を、自分の一部である声という部分で認識しなければいけなくなった。

弱々しく、ふにゃふにゃした声。突然高くなったり、小さくなったりする声。たくさんの直すべきところがあった。緊張すると高くなったり、話している内容に確信がないときに小さくなっていることは分かった。そういう癖があることを知れば、あとはそれを直すだけだ。現実に直面してみると、意外と強くなれるものだ。でも、直面するまでが大変だ。

直すために行ったのは、確信がないときでも無理に声を張り上げる、ということではない。確信がないことは口に出さない。あるいは確信を持って言えるように、確信が持てるまで、そのことを深く掘り下げて考えるようにした。

緊張して声が高くなるときは、緊張したら無理して話さず、いったん止まって落ち着くようにして、急いで発話しないようにした。緊張感の伝わってしまう高い声を出してしまうのなら、少し待って安定した声を出した方が印象が良い。それは自分の声を聞いたから分かった。それまでは、間ができないようにとにかくはやく話すことが良いのだと思い込んでいた。

客観的に聞いて、より良いものにするために、自分自身を改造していくような作業だった。必死で練習していると、自分のことが漠然と嫌いだったことなんて忘れて、その作業に没頭していくものだ。

どこがダメかを知らずに、きっとダメなんだろうと漠然と思っていると、先に進まない。

どこがダメなのかを自分で知ってみることが、自分を好きになるための大きな一歩になる。

▼7　頑なな態度をとって、より頑なになっていく

相手の話に対して自分の本心は違うのに頷いたり、伝えたいことがあるのに伝えられなかったりするとき、胸の辺りがぎゅっと詰まる感じがある。はじめは小さな違和感として感じ

られたものが、次第に身体全体に広がっていって、相手との話が終わった頃には疲れている。もし「どうしたの?」と聞かれても、「いや、別に」と答えてしまう。

酷いときは「どうしたの?」と聞かれたときに、顔が真っ赤になって何も言えなくなってしまったこともある。そのときは自分が思っていることを相手に伝えたら変に思われるのではないかと思っていた。思っている内容も、そのように思っていることもばれるのが怖かった。

反対に、そうなってしまっている人に何かを話していると、相手の反応が薄いことが気になることもある。僕が投げかけた話に反応をしていないということは、きっと別の何かを考えている。何か気にかかることがあって、言い辛い自分の気持ちや意見があるのかもしれない。

僕は他人のそういうことにも気づいていないフリをしてきた。そんなことを聞くのは怖いし、自分が思っていることを言うことも怖い。予定通りに話が進まないし、衝突が起こってしまう可能性もある。

「何か言いたいことがあるの?」

と聞いて、相手と変な雰囲気になってしまうことが怖い。そうなってしまったら、どうすれば良いのか分からない。

なんとなく違和感を覚えながらも、会話が流れていくのに任せてしまう。気になったことを無視するのは簡単だ。気になったことに立ち止まることは難しい。そもそも、会話は放っておいたら流れてくれる。相手は話してくれるし、僕もそうだよねと言っておけばいい。しかし、そういう会話をすればするほど、本音を言えず、ただ我慢しているだけだから、疲弊してくる。

自分や相手が頑なな態度をとってしまっていることは分かっていつつも、それが当然になってくると、どんどん感度は鈍ってきて、相手との対話に違和感を覚えていることを感じなくなってくる。そして頑なになってしまっていると思っていた自分の態度が、いつも通りの態度になって、自分が頑なになっていることに気づかなくなる日が知らないうちにやってくる。頑なであることが普段通りになってしまったときには、もう自分の頑なさにはなかなか気づけないものだ。

他人のことはまだわかる。だけど、僕も自分自身がそうなっているとは思いもしない。

だから、普段の話し相手や、カウンセリングのクライアントがそのような頑なな態度でいるのを見たとき、**自分もそうなのではないかといつも立ち止まる**ようにしている。

自分を疑う姿勢をなくしてしまったらお終いだ。この他人と接しているときの頑なさについては特にそうだ。

自分が意識していないところから、頑なさは染み付いていくから分かりづらい。だから、目の前の人と衝突してしまったり、他人を嫌ってしまったり、認められなかったりしたときに、どこかに自分の頑なさがあるのではないかと疑ってみる。自分の頑なさを見つけると、他人に対して非難をしている状態から、自分がどうすれば相手との硬直した関係性を変えられるかという発想が生まれる状態に変わる。

▼8　反応すればいいわけではない

「相手が話し終えたら、すぐに反応しなければいけない」と思っていた。そうしないとぼんやりしているとか、頭が悪いとか思われてしまうと思っていた。しかし、実際は、すぐに反応してくる人と話していると疲れるものだ。落ち着かないし、聞いてもらえている気がしない。

相手の無遠慮な切り返しを受けて、またこちらの会話のターンになる。会話のキャッチボールというよりも、むしろいつ爆発するか分からない爆弾をすぐに他人から押し付けられているような、そんな感じがする。

たとえば、

「昨日友だちと食事してたんだけど……」

と相手が話してきたのに対して、すぐに、

「何食べてたの？」

と聞いてくる人がいる。

そのときに僕がどんな表情で話していたかなどは見ていない。また、何を話したいのだろうかと思いを馳せることもない。会話をするということはすぐさま相手に反応することだと言わんばかりに反応してきて、いかにも会話をしていますというような顔をしている。

僕が話したかったのは食事の話ではなかった。

しかし、質問に答えなければいけない。

「あぁ……中華だったんだけど……」

と答える。声のトーンは落ちている。相手は、

「美味しかった？」

と高い声のトーンで早口で聞いてくる。

会話は、食事……中華……美味しい……というような単純な連想ゲームではない。

僕はそのときに友だちと食事中に喧嘩をしてしまった話をしたかった。それは僕自身の勝手

ではあるけれども、その人と話していると次々に無遠慮にくり出される質問に段々と息が詰まってきて、実際に呼吸が苦しくなり、気分的にも疲れてくる。そんなとき、向こうは自らの会話に疑問をまったく持っていないような顔をして、こちらをじっと見ている。また次の質問をする準備をしているのだろう。

カウンセリングのトレーニングを受けているとき、僕自身がそうなってしまっていた。会話がうまくなりたい一心で、それまでののんびりした話し方を捨てた。

僕の話し方は幼い頃からとてもゆっくりしている。それを馬鹿にされることも多かった。そのせいか、反応が早いということが会話がうまいということだと思い込んでしまっていた。そして、相手が話したあとに、間髪入れずにすぐに相槌を打ったり、質問をしたりするようになった。まさに先ほどの例のような会話になっていた。

それではクライアントの悩んでいることを把握することはできない。ただ話の速さで相手を圧迫する人でしかない。しかし、そのときの自分は愚かにも得意になっていた。圧迫された相手は、また返事をしなければと焦る。僕はそれを待ち、返事に対して、またすぐに返事をする。どんどん相手は圧迫され、僕は余裕を持つ。そして、相手のことなど何一つわかっていないのに、乱暴に主導権を握って、相手を満足させているかのような錯覚に陥ってしまっていた。

▼9　あんなに分かり合えたと思っていたのに

相手の話を聞いていて、あぁその気持ち分かるなぁ……と心から相手のことを分かってあげられたと思うことがある。それなのに、次に会ったときに相手とそれほど信頼関係が築けていないことに違和感を覚える。あんなに分かり合えたのにどうしたんだろう……と。

自分の中では相手のことが自分のことのように思えているのに、相手はどうやらそうではないらしいと……そのことが寂しさを引き起こして、相手のことがもっと気になってしまう。酷くなれば、ストーカーになってしまうかもしれない。異性を過剰に好きになってしまい、無残な振られ方をしてしまうのもこのパターンが多い。

僕がそうだった。

この人と分かり合えたと思って、どんどん好きになっていく。こんなに自分が好きになったのだから、相手は運命の人なのだろうと思ってアプローチをしていくが、相手の反応は薄いどころか、引いている。そうなるともう悲惨である。突如放り出されたような孤独感があり、耐えられない。

相手に対して、あぁ分かるなぁと共感してしまったとき、分かっていないと思った方がいい。むしろ、まったく相手を見ていないからそんなことを思えてしまっているのだ。相手を見ずに、自分自身の気持ちや考えを相手に投影している。目の前の相手の反応は見えていない。それどころか、自分が共感するのに都合の良いところだけを見て、どんどん相手をまるで自分であるかのように扱い始めてしまう。

僕が初めて受けたカウンセリングは大学の学生相談室だった。

大学に入ってから一人暮らしを始めて一年ほど経った頃だった。一人暮らしを始めてから、外に出ると体の調子がおかしくなり、何を食べても下痢になったり、吐いたりしてしまい、身長が一八〇センチで体重は五〇キロを切っていて、骨と皮のような状態になっていた。次第に外に出ることができなくなり、家にこもり続けていた。親に相談しても、頑張りなさいと言われるだけで、自分でも自分がどうなっているのか分からず、誰にも相談できずにいた。そのときに行ったのが学生相談室だった。

自分の姿を見て、相談室のカウンセラーは「今まで一人でよく頑張ったわね」と言った。僕はそのときに初めて理解されたように感じて号泣した。

そして、その後に精神科医に行くことを勧められて、それから数年間、精神科通いの薬漬け生活が始まった。

カウンセラーは僕を理解してくれたのではなかった。ただカウンセリングのセオリーとして、僕を受け容れたように見せたのだ。それはカウンセリングとしては最も無難な選択だ。それを僕は完全に分かってもらえたと思い込んだ。僕は受け容れられたように思わされて、精神科に捌かれたというわけだ。カウンセラーはただ無難に仕事をして、僕は薬漬けになった。もしカウンセラーが薬漬けになったことがあれば、彼女は僕をそのようにはしなかっただろう。

そして、薬漬けになりながら、精神科医やカウンセラーのところをたらい回しにされて、完全に精神科医とカウンセラーに対して嫌悪感しか抱かなくなった。

何年もの薬漬け生活の末、あるカウンセラーのところに親戚に紹介されて行った。カウンセラーに会った瞬間に、僕は強い口調で、喧嘩腰でこう言った。

「僕はこんなところに来ないといけないほどおかしいとは思わない。むしろ、ここに行けと言った周りの人間の方がおかしい。僕の生き方は何か間違っているんですか?」

完全に怒っていた。何に怒っているのかは、自分でも分からなかった。

「**間違った生き方なんてないよ。だけど、君が困っていることや嫌なことがあるなら、それをどうにかするように手助けすることはできる**」

目を真っ直ぐ見つめられて、こう言われたときに衝撃が走った。

こんなことをそれまで言われたことはなかった。受け容れられているが、この場をどうにかするために受け容れられたわけではない。受け容れられるや否や、カウンセラーに僕は問いを突きつけられた。君は自分のことを自分でどうにかする気はあるのか、と。目の前には、僕を逃すまいと対峙している人間がいた。そして、彼から逃げたら僕はお終いだと思わせられるような何かがあった。僕は自分の思っていることを初めて素直にカウンセラーに話すことができた。

このときカウンセラーは「辛かったね」とも「大丈夫だよ」とも、そのような慰めを一切僕に与えていない。彼からは、「その気持ち分かるよ」と思われているような胡散臭さは感じなかった。他人のせいにしたり、不貞腐れたりしている自分の心臓を一突きにされたようなそんな感覚だった。それから数回のカウンセリングで僕は薬を自然と飲まなくなり、日常生活を送れるようになっていった。

弱っている人間ほど、分かってくれる人を探し、ちょっとのきっかけで分かってくれていると思い込んでしまう。それと同じように、自分と同じような境遇の人を探し、その人のことを分かっていると思い込みたがる。

しかし、それは決して慈愛の精神などではない。自分の弱い心が相手に対して貼り付けた幻を慰撫しているに過ぎない。他人の気持ちが分かったのではなく、他人から発せられた言葉を自分の都合の良いように解釈して、感情的なカタルシスを得ているだけだ。

このとき、誰でも良い誰かを、自分を投影する人形として扱っているに過ぎない。

▼10　自分の中のイメージを捉えるところから話が始まる

人と話していると、ふと思い浮かぶことがある。まだはっきりとは見えないが、おぼろげに見えかけていて、掴みかけているもの。それがはっきりとするまでじっと待つことができれば、漠然としていたイメージから、話のきっかけとなる一つの明確なイメージや、言葉が見えてくる。

「なんとなく話したいんだけど、何が話したいか分からず、言葉にできない」というとき、焦ったり、相手の顔色を伺ったりせず、**自分の気持ちや思い浮かぶことに集中して意識を向けてみると、話したいことがイメージとして次第に浮かび上がってくる。**

あるとき、僕が尊敬していてどうしても話したいと思っていた人が、沈黙が生まれたときに瞑想のように自分の内に集中していっていた。いつもなら僕は沈黙を恐れて何かを喋ってしまっていただろう。しかし、彼の集中した様子に圧倒されて、黙ってその様子を見つめていた。

彼は、不透明な水の中に揺蕩っているものを探して捉えるように、静かに瞑想的な様子で、自分の心の中を探っている。じっと止まったまま、目の前の僕のことは気にかけずに、そのことに集中していた。その静かな姿に魅了されて、僕の身体も動かずに止まっていた。

何かが見つかったのか、彼は「うん……」と頷いた。それからポツリポツリと言葉を置いていき、半分夢見るような目で、しかし僕のことはしっかりと見据えて話し始めた。その話は、彼が僕を前にして、精神を集中して捉えてきてくれたものであると感じられた。彼の、彼自身の中にあるイメージを丁寧に言葉にして、彼と僕の間に置いていくような話し方だった。


沈黙を恐れたり、変に思われないように、間違いのないように話さなければいけないと考えた途端に、話の元になるはずのイメージは消え去ってしまい、形だけが整う。その一見整った形の話は、他人からは非難されることはないが、相手を魅了したり、楽しませたりはしない。そして、話し手である自分自身も話していて楽しくない。

反対に、目の前の相手に話したいことを話しているときは、形を見栄え良く整えようと考えたりなんてしない。勝手に口が動いて、手が動いて、気持ちのままに話すことができる。それができるか否かは、はじめにどれだけ精神を集中してイメージを捉えられるかにかかっている。

▼11　ふと記憶が蘇るとき

カウンセリングを受けて人並みの生活を送れるようになってから、僕はどうしてもそのカウンセリングの技術を学びたいと思い、カウンセラーの先生のもとでトレーニングを受けた。その後紆余曲折があり、ナンパをしたり、またナンパを教えたりするようにもなっていった。

他人との関わりの中で、ふと記憶が蘇るときがある。そのときには特別意識していなかったような場面が、ふと思い浮かぶ。

引きこもりの大学生の男の子が僕のブログを読んで、僕に会いに来た。ナンパ講習を受けるだけのお金はないが、どうしても会いたいという。会ってみると、まさに田舎から出てきた男の子というような風体で、会話も覚束ない。それでも、彼は僕にわざわざ会いに来たのだなと思い、喫茶店で少し話をした。少しお茶を飲んでいると、気が緩んだのか、僕に彼の周りにいる大学生に対する相容れない感じを必死に話してくる。それらすべては彼が勝手に思い込んだことであるように聞こえる。彼が「周りは馬鹿ばかりだ」と言ったとしても、本当に馬鹿ばかりかどうかは僕には分からない。

そのときに、ふと自分がカウンセリングを受けたときのことが思い浮かんだ。僕がカウンセラーに「僕はこんなところに来ないといけないほどおかしいとは思わない。寧ろ、ここに行けと言った周りの人間の方がおかしい。僕の生き方は間違っているんですか？」と言ったときのこと。そのとき、僕は自分の周りの人間をおかしいと思い、そう思った周りの人間に説教されたり、厄介者のように扱われ続けていた。僕がそう言ったときの、カウンセラーの表情が思い浮かんだ。

カウンセラーの目は僕の方へとピタッと止まったまま、周りの人間のように否定もしなければ、肯定もしなかった。

あのときのあの瞬間に、僕の世界は変わっていたのだということに気がついた。否定も肯定もない、価値判断のない緊迫した一瞬だった。僕はカウンセラーに質問しながら、どうせこの人もこの発言に怪訝な顔をするに違いないと思っていた。他のカウンセラーたちはそうだった。怪訝な顔をして、僕に柔らかく説教をしたり、無理に僕に合わせて僕のことを肯定したりした。

僕に会いに来た男の子を前に、あのときに味わった空白の瞬間の意味がなんとなく感じられた。否定や肯定をする人間は、目の前の人間をどうにかすることしか考えていない。否定も肯定もせず、あのカウンセラーが見ていたものは、僕の未来だったのかもしれない。それも実際にそうだったかは分からないが、僕自身が男の子の未来を見ていることに気がついた。
周りの人間に対して悪態をつきながら、今いる環境でうまくやっていけていない男の子。彼が少しずつ心を開ける相手を見つけながら、次第に自信をつけて、周りに対しても優しくなっていく様子が自分の頭の中で勝手に描かれていた。

男の子と会った当時、僕はカウンセリングとは相手に何か劇的な変化を起こさせることだと思っていた。そのために有効なテクニックを必死で探して、習得しようとしている時期だった。しかし、**他人の人生に影響を与えるのは、こうした否定も肯定もしない、相手の未来を見据えた眼差しなのかもしれない**と感じられた。自分自身の過去の体験の中に自分の求めている答えがあり、それを現在の体験が「ここにあるよ」と指し示してくれている瞬間だった。

誰でも、いろいろな人と接しながら生きている。悪い扱いもされれば、良い扱いもされている。体験はしつつも、そのことを忘れていたり、その意味をまだ見出せていなかったりする瞬間がたくさんある。しかし、あるとき、誰かとの出会いの中でふと別の記憶が蘇り、その記憶の意味、その記憶の中で自分と接してくれた相手の感覚を知る瞬間がある。そのときに、自分自身にとって大切なものを学ぶ。

第3章

コミュニケーションを見直すいくつかの方法について

行動が緊張と無駄な努力から解放されると、楽に行動できるようになるので感受性と識別力が高まるが、そのことがまた一層行動を楽にしてくれる。そうすると、それまで自分には楽にできると思っていた行動のなかにさえ、不必要な努力があるのを見抜くことができるようになる。

M・フェルデンクライス『フェルデンクライス身体訓練法』

1■オートマな自分をマニュアルにする

▼1　無意識の行為を自覚すること

自分はコミュニケーションが苦手だとか、あがりやすいだとか、自分の気になっている部分を漠然とさせていると、それを一向に解決することができない。

「僕はコミュニケーションが苦手なんです」と自分自身のことを言う人がいる。そのままでは改善が難しいどころか、ますますコミュニケーションが苦手になってしまう。

自分自身の生活すべてにぼんやりとした「コミュニケーションが苦手」という幕が張られてしまっているような感じだ。苦手な部分も苦手ではない部分もその幕がかけられていて、全体的に漠然と苦手という感じになっている。そのままではどこから手をつけていいのか分からない。

コミュニケーションは小さな動作の積み重ねでできている。

そして、それらの多くはパターン化している。その積み重ねのパターンの中の一部が他人との齟齬を生んでいたり、自分が納得のいかない関わりを作り出してしまっている。漠然とした形でではなく、いったいそのパターンのどの部分が、自分自身にコミュニケーションがうまくいっていないと思わせてしまっているのか。それを自覚することが、改善する方向へのはじまりの、大きな一歩である。

コミュニケーションが小さなパターンの積み重ねでできていることを知るために、喫茶店などで話をしている人たちを見てみて欲しい。

話をしている人たち、聞いている人たちの動きをじっくりと見てみる。話すときや聞くときにどこを見ているか、どのように頷くか、どのような姿勢か、どのような声を出して、どのような言葉を使って相槌を打つか……。毎回それが多彩に変化する動きを見せる人はまずいない。いくつかの決まった動きの組み合わせがその人の全体の動きを形作っている。

それは他人だけではなく、自分自身もそうだ。

パターンである限り、その部分は臨機応変さに欠けている。相手の話している感じ、聞いている感じを受けて反応しているというよりも、相手関係なしに動いてしまっている。

その相手とズレた部分が問題を起こしている。たとえば、相手の話を聞いているときに、まったく相手のことを見ずに自分の頭の中に思い浮かぶことに意識を向け、何を話そうかと考えてしまうとか。相手の話を何も理解していないのに、「へー、そうなんだ」と答えてしまうとか。そうやって癖になってしまっている部分は、自分が自動的に動いてしまっている意識できていない部分であり、他人とのズレを生んでしまっている部分である。

その部分を見つけたら、そこで自動的に反応せずに、相手に合わせて正直に誤魔化さずに反応をしたらどうなるだろうかと試してみたり、実際に試す前にどのように反応をしたら違和感がないか想像してみると、すぐに改善ができる。

たとえば、こんなケースがある。

人の話を聞いて、間髪入れずに「あー」と高い声で相槌を打つクライアントがいた。彼はコミュニケーションがうまくいかないことについて悩んでいる。

「あーって言っているときは何か相手の話が分かっているの?」

と聞くと、少し恥ずかしそうにしながら、

「いや……特に分かっていません」

とバツが悪そうに笑いながらも正直に答えてくれた。

「じゃあなんであーって言うの?」

と聞くと、

「なんか話を繋がないといけない気がして、あーって言いながら考えているんです」

と彼は答えた。

彼は「あー」と言いながら、話をなんとか繋ごうと頑張って考えている。頑張って考えて、相手に何らかの質問をする。質問をされた方はまた答えるが、彼にまた「あー」と分かっているような動作を示されたのちに、分かっていないことが分かるような質問をされる。そうやって会話がどんどん進んでいく。相手は「分かってないでしょ」とはなかなか言えない。空回りする彼を前に困惑してしまう。彼もまた一生懸命に考えているのに、なかなか会話が発展せず、相手とも仲良くなれないことに悩むことになってしまう。

「分かっていないなら、あーと言わずに、ゆっくり言われたことを咀嚼してみたらどうかな？　それで分からないことがあったら聞いてみたっていいわけだし」

と彼に伝えた。

すると、彼は「あー」と言わずに、人の話をじっくりと咀嚼するようになった。そうすることでようやく他人との会話のキャッチボールが始まった。「あー」というのは彼の、コミュニケーションをうまくやりたい、うまくできていると思われたいと思うばかりにでき上がってしまった無意識の癖だった。うまくやりたいと思ってできた癖が、会話を発展させないようにしてしまうことは多い。相手のことを気にして、うまくやろうとすると、ちゃんと受け取って咀嚼することよりも、相手に聞いているように見せることを目的にしてしまい、結果的に不自然な動きをしてしまうからだ。よく見せようとしてやる動きは、その目論見とは反対に、よく見られることは少ない。

彼の癖は大げさなものと感じられるかもしれないが、どんな人の会話の仕方にも、そうした無意識にとってしまっている動きがある。それをまず見つけ、そのときに自分がどのようなことを思ったり考えたりしていて、**抜け落ちているものは何かが分かると自然と改善の方法が見つかる。**

彼の場合は、他人の言ったことを素直に咀嚼する時間が会話の中で抜け落ちていたから、その時間をきちんと作ってみると自然な会話ができるようになったようだった。

▼2　さまざまな反応パターン

彼のようなパターンはさまざまある。

たとえば、引きつった笑いをしてしまうこともある。そのときには、自分が嫌だということを相手に伝えられず、反射的に取り繕っているのかもしれない。

アドバイスもまたそのような反応ともとれる。相手の話が十分によく分かっていないが、相手に答えを言わなければいけない、頼られる存在でなければいけないと焦っているからアドバイスをしてしまうのかもしれない。

営業マンなどがよく使う、

「なるほどですね」

「なるほど、なるほど」

「そうなんですね」

というのは、たいして理解していないときに発話される。言われた方は、こちらの話も半ばで「まだ理解してもらうほど話していないのに」と思うことが多い。彼らは相手にとって〝理解者と思われなければいけない〟と焦っているのかもしれない。

また、保険のセールスや講演をする人などが話をした後に「〜です。はい」と自分の話に自分で頷くこともある。相手に話をしているのに、自分が頷くのはおかしい。そのときには、説明に相手が納得してくれて頷いてくれるかどうかが不安で、自ら先に頷いてしまっているのかもしれない。そういうときは、相手が同意してくれないのが怖いのだ。どう思うかの反応をきちんと待って、それに対してまた反応して納得させるはずが、結果を焦ってしまい、反対に怪しい落ち着きのない人物になっている。そこでは、相手の反応を待つ時間が抜け落ちている。

それから、「あぁ、僕もそんなことを思ったことがあります」と相手の話をすぐに自分の話と同じものだと決めつけてしまう人もいる。最悪でも「あなたが感じているのは、僕のこうぃった経験の中で感じたものと近いですか?」と聞いた方が良いかもしれない。このときには、相手の話を聞いて、「自分のこの感覚と同じだろうか」と、思ったことを疑う時間が抜け落ちている。

仕事上使うようなよそよそしい言葉遣いもそうだ。「お世話になっています」といつでも言ってくる人もいる。初対面でもそう言ってくる人もいる。相手に対する素直な気持ちよりも、間違いのないものを選ぼうとし続けた結果、間違ったことをしてしまっている。この人はどう挨拶したら仲良くなれるだろうかと考える時間をとる余裕がないのかもしれない。

そのつど、今自分は何を感じているかと、抜け落ちているものはないだろうかと、自分を省みることはなかなか難しい。時間や余裕がなければできないことかもしれない。しかし、抜け落ちたものが積み重なっていくにつれて、自分がいったいなぜ、どんな気持ちでそのような振る舞いをしているのかを知らずに、忙しくパターンの反応をし続けるだけで一日が終わってしまうようなことになってしまう。

▼3 過剰な緊張からパターンが生まれる

何も考えずにパターンの反応をしてしまっているときは、自分自身の観察ができていない。

どんな気持ちがするか、どんな感覚を持っているか、どんなことを思っているかを観察せずに、ただオートマティックに反応してしまっている。

そういう反応をしているときは、自己観察がないので、たいてい無表情である。相手の話に反応したというより、どんな話であるか関係なく、話の切れ目にすぐ反応することを待ち構えて反応したロボットのような感じである。その場合は、相手と同調していないために、その前に発話した相手と声のトーンや身体の緊張具合が合っておらず、そのズレが大きければ大きいほど、相手にはなんだか向き合ってもらえていない印象を与えてしまう。敏感な人を相手にすると、小さなズレからでさえも、「この人は話を聞いていない」と察知されてしまう。

接客業をしている人の会話はこのような、自己観察のないパターンで形成されていることが多い。その場の相手に対する反応ではなく、緊張による反応のパターンを磨き、多彩にすることにより、対人関係の機械的な反応の精度と質を高めている。

一見スムーズに会話は進んでいるように見られるが、対話の相手は話を聞いてもらえていないように感じる。そのような対人関係を巧みに築いているように見せるルーティンワークに気づかない人は、相手は自分のことを分かってくれていると極端に思い込んでしまう。水商売の女性にはまるおじさんなどはその好例である。また第三者として見ると、「そういう接客なんだよ、目を覚ませ」と、そのような状況であることが分かりやすいが、当人はそのことに気づけないことが多い。

「きっと誰にでも言っているのだろうな」と思うようなお世辞もそのような一つのパターンである。しかし、そのパターンを使うことが必ずしも悪いというわけではない。そういうパターンによって人間関係を円滑に進められる部分はある。しかし、それに頼り過ぎると、自分が人と会話をしている気がせず虚しくなる。

また、そうされていることに気づかないと水商売の女性にはまるおじさんのように良いカモになってしまう。搾取されながら夢を見ているうちは良いが、あとで女の子の本当の気持ちを知ってしまったら悲惨である。

そうして相手を認識できていなかったり、自分自身の観察ができていなかったりするような、一方的なやりとりのあるところで、コミュニケーションのズレは起きている。

▼4　押し込められた感情

人と話しているときに、何を話して良いか分からなくなって黙り込んでしまうことがある。そのときは、今感じているものがぎゅっと胸の辺りに固まってしまっているような感じがする。その中にさまざまな感情や思いがあるような感じがするが、それを取り出すことができずに、その固まりに自分の動きが止められてしまったように俯いて何も言えなくなってしまう。

この固まりを持ったまま発話しようとすると無意識なパターンが発動する。人によってはパニックになったり、接客業などで人馴れしている人は、胸の辺りに固まってしまっているものを無視して一見自然な形に見えるコミュニケーションをとる。どちらも意識されていないパターンの発動である。

この押し込められた感情の中には、まだはっきりと観察されていない自分自身の素直な感情や感覚が詰まっている。それらを感じて留まることができると、自分が他人に対してどのようなことを感じているかが見えてくる。

そのときに素直に感じていることを表現することは難しい。それは必ずしもポジティブなことだとは限らないし、またもしポジティブなことであったとしても、それを他人に受け容れてもらえるかどうかは分からないから、言い出し難かったりもする。**他人とのコミュニケーションの中には、そうした葛藤がたくさんある。**その葛藤を無視すれば、表面上だけうまくいっているように見えるコミュニケーションになったり、うまく話せず、自信なく見られるような振る舞いをしてしまったりする。

その**押し込められた感情に意識を向けられるようになると、自分が普段感じているよりも深**

い層にある感情を自分で自覚し、言語化し、相手に伝えられるようになる。そうすると、自信を持った柔らかい印象を他人に与えることもできる。コミュニケーションの上達のもとになるものが、この押し込められた感情の中にはある。

しかし、実際にはパターンで話す人の方が何も感じていない分、会話のスピードが速く、それに急かされてしまうと、自分の押し込められた感情を味わう時間を持つことが難しくなる。押し込められた感情を味わって言葉にするには、はじめは時間がかかる。そのために話すのが遅い馬鹿な奴、空気の読めない奴と言われてしまうことだってある。大勢での飲み会などでは、パターンの反応がいかに速いかを競い合っていることの方が多い。しかし、誠実な対話が求められている場では、押し込められた感情を丁寧に感じて広げていった方がうまく話ができる。

互いの感情や感覚の交歓ではなく、会話のスピードを競う場にばかりいたら、なかなか自分自身の感情や感覚を丁寧に扱うことはできない。じっくりと押し込められた感情を広げるまで待ってくれる人と出会うことや、そういう場に行くこと、そして、そういう人や場と出会うまでにも、自分の押し込められた感情を、自分一人で感じて広げていく誠実さを持っていることが自分の会話の質を向上させていくことになる。

▼5　緊張した身体

自分の感情が味わえずに押し込められているとき、身体は緊張している。丁寧にその感情に意識を向けていくことも、その感情を自分で理解するために有効だが、それだけではなかなか難しいことも多い。そういうときにじっと考え込むくらいなら、身体を動かして感情が感じられる状態を自ら作った方がいい。

身体を動かしながら緊張している部分をほぐしてリラックスしていくと、自分の中に溜まった感情により意識が向けられる。緊張した身体のままでは、なかなか自分の感情を感じることはできない。

自分では落ち込んだり、怒ったりしているつもりはなくても、ぐっと固まった身体や表情で、外から見ている人にはそのときの感情がよく分かるように表現されてしまっていることもある。自分の意図しないところで、自分の感情は表現されてしまっている。

余裕がなく、感情が無意識のうちに表出されてしまっているときには、自分が周りからどう見えているかを知ることはできない。

気を遣って笑顔で接してくるが、ちょっとした何かがあると一気に感情を表出させて、怒ってくる人もいる。その人の笑顔を、「笑っている」と記号的に捉えると、愛想が良いように見えるが、丁寧に見てみるとはじめから違和感があったりする。笑うとか、愛想を良くするとか、そういう記号的な振る舞いで自分の感情を隠している人もいる。

特にやたらと褒めてきたり、用事がないのに愛想よく接触してきたり、内容のない質問をしてくる人は要注意だ。ちょっとした気に入らないことで、急に転じて怒り出したりする。しかし、その怒り出した当人は、はじめから自分が記号的な笑顔の裏に怒りを宿していたことを知らなかったり、また半ば知っていたとしても、相手にそれがばれているとは思っていなかったりする。

身体の状態によって感情や感覚が作られてしまうことがある。

体育座りは膝を抱えて胸を閉じる姿勢だ。鬱屈している人は自然と同じような姿勢をとるが、もし鬱屈していなかったとしても、体育座りをすることで、自ら感情が押し込められるような姿勢をとっていることになる。そうすると気持ちも自然とそのようになってしまう。小学校で体育座りをするように言われて、それに従っているとき、本人は感情を押し込めようなどとは思っていないだろう。しかし、姿勢と気持ちは連動しているため、姿勢を変えるだけで、知らずにそのような気持ちになってしまう。

身につけるものによっても身体の緊張の発生とともに気持ちも変わる。

ハイヒールを履いた女性は、踵が上がり身体が前傾するため、バランスをとるために胸をそらすことになる。胸をそらしてバランスをとらなければ、前につっかえて転んでしまう。これは極端に胸を開いて虚勢を張った状態だ。この状態で居続けると、自分の知らない間に気持ちもこの虚勢を張った状態になってしまう。

骨盤を締め付けるようなタイトなデニムを履いていると、呼吸がし辛くなる。息を吸ったときには、横隔膜が下がり、肺が膨らみ、その下にある内臓が下の方に押され、骨盤が少し開く。しかし、骨盤をぎゅっと締め付けるようなデニムを履いていると、内臓が押されたときに入り込むスペースがなくなってしまう。そうすると浅い呼吸しかできないため、自然と呼吸が浅くなり、気分もゆったりとした感じをなくしてしまう。

このようにとる姿勢や、身につけるものによって、意図せず自分の身体の状態が作られ、心理的な変化が起こっていることもある。

だからといって、自分の身体に負担をかけない、ゆったりとした服装しか着てはいけない、というわけではない。身につけるものによって、自分の身体が変わり、気分も変わっているのだということを感じることに意識を向けられれば、より自分自身に対して繊細になり、身につけたものによる自分の変化を感じ取れる。

ハイヒールを履き、それによって変化した姿勢から胸に緊張が表れて、知らない間にどんどん張り切ってしまっていることに気がついていなかったら、その状態が自分の普段の状態なのだと思い込んでしまう。そうやって姿勢や身につけるもので、身体の状態が変わり、気分も変わっているのだということを自覚できていれば、その硬直をとって楽な状態になるように意識して力を抜いたり、エクササイズをして解したりすることができる。

また、それを知っているだけで他人を気遣うこともできる。女性はハイヒールを履いて、タイトな服を着て、タイツで足を締めつけていることがある。それによって呼吸が浅くなって、余裕がないということだって十分にあり得る。それでもオシャレをして来てくれたのだなと思えるだけでも、相手に対して想像できる部分が広がるし、何だか優しくしたいという気持ちも湧いてくる。

▼6　動きの中に表れる自分

動きの中に、本人がどれだけ自分自身に繊細に意識を向けているかが表れている。ドアを閉めるときにバタン！と大きな音を立てる人もいれば、丁寧にそっと閉じる人もいる。大きな音を出す人は動作に対する繊細さがない分、自分自身に対しても意識が向けられていない。どちらかというと、今している動作よりも、次の予定などに対する考えなどに意識が向けられているのかもしれない。

一方で、極端に丁寧に閉じる人も自分自身に対する丁寧さよりも、周りに対する礼儀正しさのアピールに意識が向けられているとしたら、その分、意識は内に繊細に向いているというよりも、外に注意深く向けられているのかもしれない。

また、怒っているときはわざとバタン！と音をさせることもあるだろう。このときは繊細にというわけではないが、自分の気持ちに意識が向けられているのかもしれない。

動作は周りに対して影響を与える。たとえば、ドアをバタン！と閉じられたら、嫌な気持ちになる。それと同じように、繊細に丁寧に閉じられたときも、バタン！と閉められたときよりも気づかれ難いが、繊細な感じが周りに対して与えられる。

そのように、**自分がした動作の中に今の自分が表れていて、その動作によって他人に対して影響を与えてもいる。**そうやって動作を見てみると、自分の無遠慮さや、気を遣い過ぎていることに自ら気がつきやすくなる。

ドアの開け閉めだけではなく、コップをテーブルに置く、パソコンのキーを打つ、本のページをめくる、歩くなど……動作をすれば、常に周りに見える動きがあり、場合によっては音が出る。その中に自分の今の状態が表現されていて、それを認識している他人に影響を与えている。

相手にどのような印象を与えたいのかと考えてみると、自分がどのように動きたいかが見えてくる。

▼7　会話を思い出すことの意味

会話のときに、無意識にくり返してきたパターンをやってしまう前に、自分がそのときどう感じているかというところに留まり、相手に対して表現したい感情や感覚を味わって言葉にできれば、会話がその場に応じた生き生きとしたものになる。

しかし、押し込められた感情は、会話の最中に感じて、すっと言葉にできないかもしれない。慣れないうちは時間がかかる。長い時間、自分の内面に集中しなければいけないかもしれない。そのときには数分集中しても十分に感じられなかったり、言葉にできなかったりするときもあるが、数時間後、数日後にふと自分がどんな感情を押し込めていたのかが分かることもある。

誰かと会話をした後に、「もっと言いたいことがあったのにな」と思ったり、「なんか釈然としないな」と思うことがある。それが押し込められた感情だ。その場ではすぐに感じとれなかった感情や感覚である。

そこで相手に伝えられなかった感情や感覚に留まってみる。もやもやした感じや、イライラした感じ、あるいは他の感覚があるかもしれない。そういう抽象的な、まだ明確な形や言葉にはなっていない感覚をじっくりと自分で探ってみると言葉にできるようになる。無理に言葉にする必要はない。無理に焦って言葉にしたときは、それは自分でも妥協したものだと分かるだろう。ふと、「あぁ！」という感じで、言いたかったことが見つかるときがくる。いきなりポンと見つかるときもあれば、じっくりと感情や感覚の輪郭がはっきりとしてきたり、何かそれに付随したイメージや記憶が思い浮かんだりして、言葉になることもある。

これは自分の内面を観察する能力を高める瞑想である。

そうやって他人との会話の中で自分に発生した感情や感覚を、自分の内面に潜りながらうまく言葉にする力を一人でいるときにつけることができる。人が目の前にいるときにはなかなか難しくても、一人でいるときにはいくらでも時間があるから、リラックスして内面を見つめることができる。

これに慣れてくると、人と話しているときに何を話していいか分からなくなってしまうことが少なくなったり、またより深い自分の感情や感覚を表現できるようになったりする。大勢の前で話すときでも、読み上げる原稿を準備する必要もなくなり、その場で思ったことを自由に楽しんで話せるようになる。

間違わないように準備をしておくというのではなく、目の前に人がいるのを感じて、感覚や感情が自ずと生まれてくるのを待ち、それを言葉にしていく。その言葉の中には、自分の感情や感覚が豊かに詰まっている。

他人を魅了する声や身振り手振りも、自分の感情や感覚を素直に感じ取れるようになると自然と生まれてくる。

2■自分を観察する訓練

▼1　自分の動きを自覚する感性を磨くための訓練

いろいろな状況や他人から受けた心理的な負荷によって、自分の身体には知らない間に緊張が積み重なっている。積み重なった緊張によって余裕を失って、あたふたしたり、パニックになったり、取り繕ったり、黙り込んでしまったりと、意図も望みもしていない動きが生まれてしまう。

自分の身体がどのような状態にあり、どのように動いているかをより自覚できるようになれば、これまでの不自然な動きを改善することができる。

これはコミュニケーションを気の持ち様《よう》によってどうにかするというものではない。感情や考えは見えないために捉えにくかったり、捉えたとしてもそれが本当にそうなのか分からないものだが、動きははっきりと目に見える形で存在している。

その動きを手がかりにしながら、自分がどう感じ、どう動いているのかを見直していける。

実際のところ、普段自分がどのように動いているかを自覚することは難しい。常に動きを鏡で見ていられるなら良いが、実際はそうはいかない。

鏡を見るのではなく、動いているときにどのように身体の中に硬直が生まれているかを感じることができれば、動きがぎこちなくなったり、身体が緊張したりした瞬間が分かるようになり、滑らかにできるポイントが見つかる。ポイントが見つかれば、それを改善していくことができる。ここで挙げるエクササイズは、そうした**動いている自分の身体を観察する感性を養うためのエクササイズ**である。

コミュニケーションのときは他人を前にしているが、まずは一人で動きながら自分の動きを観察できるようになることを目指すのが大切だ。

なぜなら、他人を目の前にしたときには、相手を見ることと同時に自分のことも観察することをしなければいけないため難しい。一人でいるときに自分を観察することに慣れてくると、他人といるときにも自分を観察する感覚が自然と使えるようになってくる。

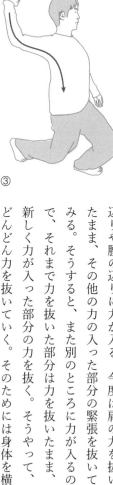

▼2　身体全体にどのように力が入るのかを感じる

ペットボトルなど、何か少し重いものを持ってみる。

そのときに自分の身体のどこに力が入っているかを感じてみる。多くの人はまず肩に力が入る。肩に入っている力を抜いてみる。ただし、このときペットボトルは落とさず、持ったままでいるように。同じ高さに持っていた方が分かり易い。

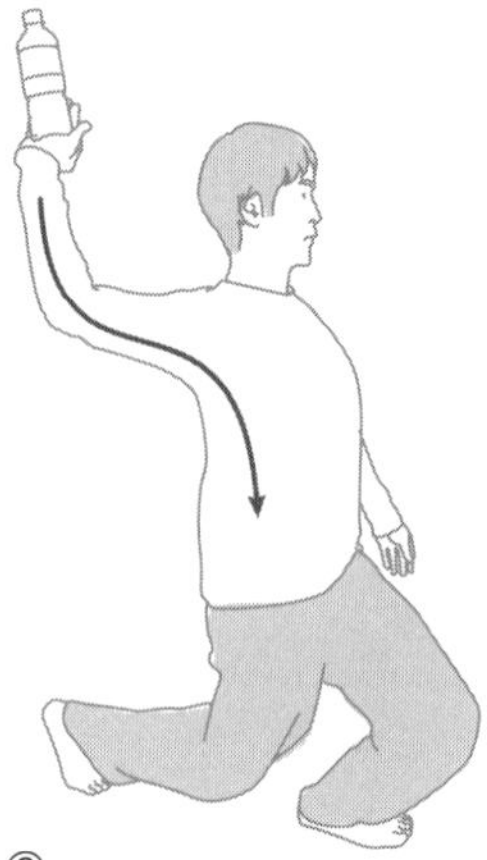

③

そうすると、今度は肩ではなく、背中、脇腹の辺りや腰の辺りに力が入る。今度は肩の力を抜いたまま、その他の力の入った部分の緊張を抜いてみる。そうすると、また別のところに力が入るので、それまで力を抜いた部分は力を抜いたまま、新しく力が入った部分の力を抜く。そうやって、どんどん力を抜いていく。そのためには身体を横

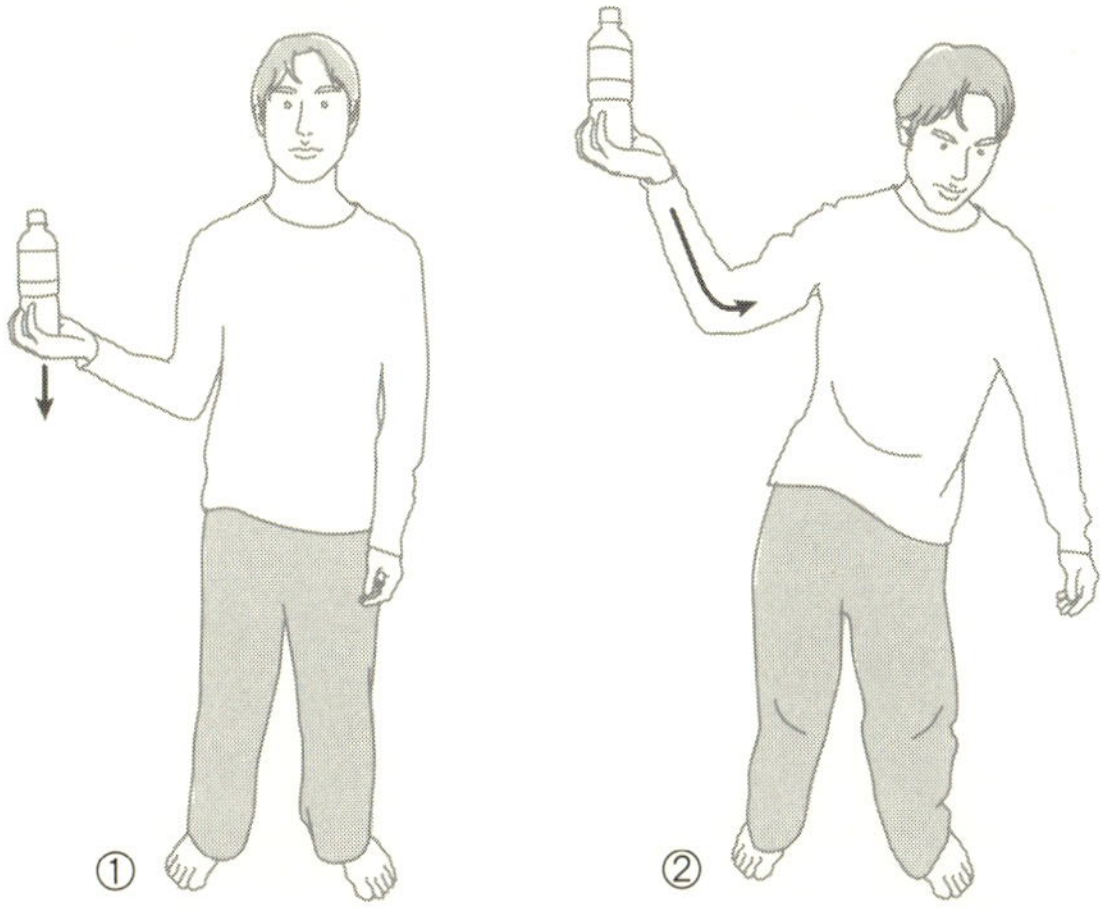

に傾けたり、捻ったりする必要があるかもしれない。

慣れてくると腰のもっと下の方、お尻の辺り、脚の方にも力が入ってくる。そうして、抜いたところは抜いたままに留めて、どんどんペットボトルを持ったときに入った力を別のところに移動させていく。そうすると、肩の力が抜け、また普段自分が使わないような部位にも力が入ることが発見できる。

しかし、このエクササイズは力んでしまうと難しい。持っているものの重さが大き過ぎると、心理的な緊張が起こり、身体を支えるのに必要なもの以上の余計な力みが入ってしまう可能性がある。重みを大きくして無理をするよりも、心理的にも無理のかからない小さな重みですることが大事だ。

かといって、軽過ぎると、重さが感じられない。

感じられないままなんとなく動かすと、このエクササイズの意味がなくなってしまう。このエクササイズは、重みを身体で感じて、自分の身体の力の入る様子を観察する繊細さを養うことにある。慣れてきたら、より細かく力の入った感じを感じるようにしてみて、その力をより細かくゆっくりと移動させようとすると良い。

力が入った場所の力を抜くのは案外難しい。コツは無理に身体を動かして抜こうとするよりも、目を閉じて、呼吸をしながら、今、力の入っているところを丁寧に感じることだ。感じていると、力の入った場所が、一呼吸ごとにほんの少しずつ動いていたり、動きそうになっていることが感じられる。その小さな動きに任せてみると、無理のない形で力の入った場所が動いていく感覚が掴めるようになる。

▼3　スワイショウ

足を腰幅に広げて立ち、腕を前後に振る。

これは単純な動作をくり返しながら、自分の身体の動きを観察するエクササイズである。先ほどの「物の重みを身体全体で感じる」をやって、自分の身体の感覚に意識が向けられるようになった上でやると身体の感覚の変化を感じやすい。

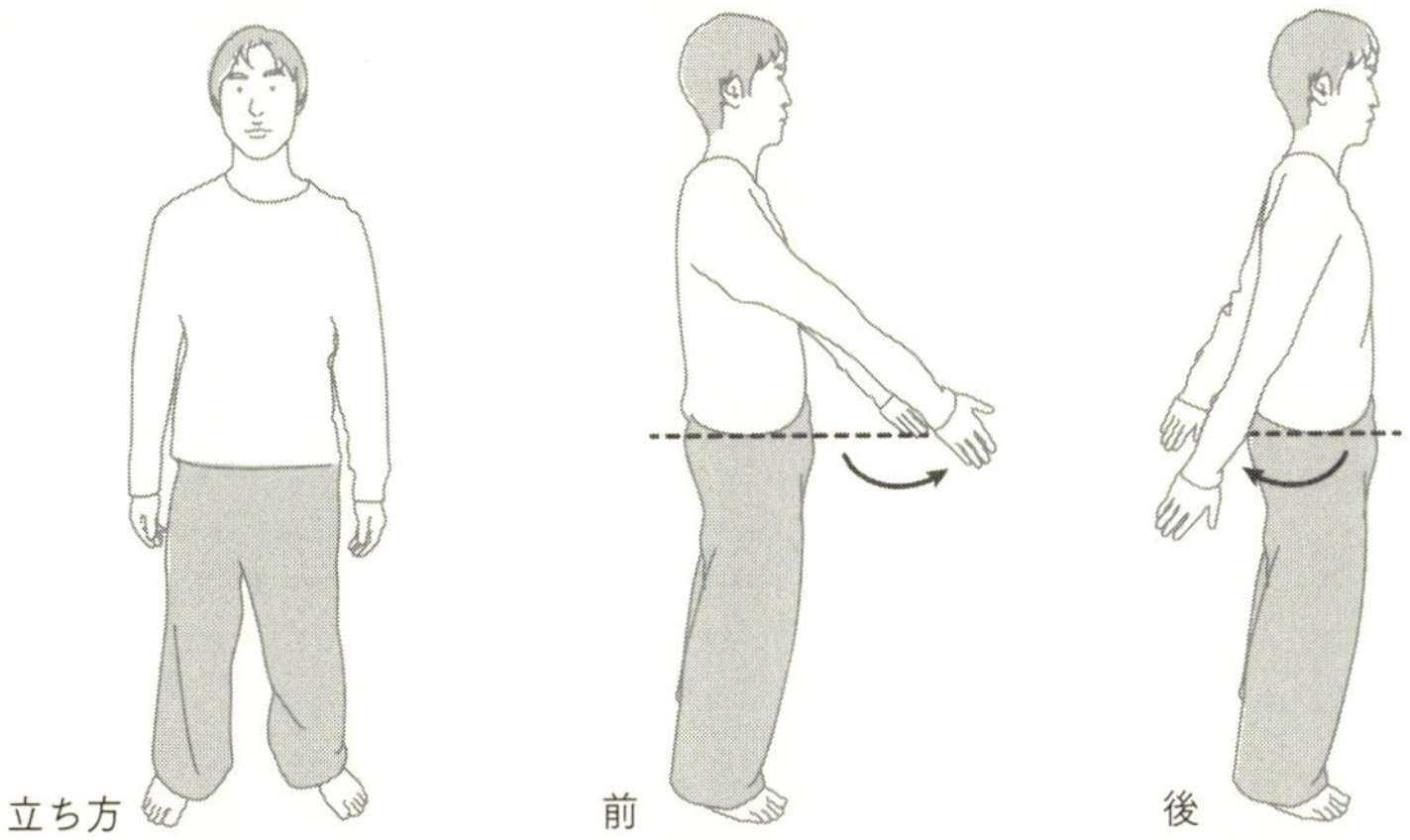

まず振ってみて、自分が頑張って振っているところ、振ろうと意識しているところを探してみる。手を前に振り上げるところかもしれないし、手を後ろに引くところかもしれない。人によってさまざまだが、必ずどこか特に力んでいるところがある。

その部分が見つかったら、その頑張りをやめてみる。やめたときに腕がどのように振られているかを改めて観察する。そしてまた力んでいるところがないか探してみる。

頑張っている部分の力を抜くことを繰り返していると、次第に身体全体の力が抜けていく。そうして意識して振ろうとしていたところを発見し、それをやめていったときに、気持ちも動作の変化とともに落ち着いていることが感じられる。

これは、だらりとするのとは違う。もしだらりと前のめりに力が抜けたような姿勢をとると、一見力が抜けていそうだが、だらりとして下がろうとする上半身を持ち上げ続けるために背中や腰などに力が入っているのが感じられるだろう。

観察することで筋肉は動くようになる。凝っている部分がある場合、このスワイショウをやりながら、凝っている部分がどのように動いているかを観察してみると少しずつ凝っている部分の緊張が抜けていく。

手を振りながら、身体のどの部分が動いているだろうかと観察してみる。肩の辺りは動いているのが分かりやすい。それをもっと細かく観察してみる。

胸やお腹の辺りは、はじめは観察しづらい。自分でそれらの部分に片方の手を当ててみると、分かりやすくなる。手を当てて、動いているかどうかを感じてみる。動いているのが感じられたら、手を離して、再び動いているかどうかを感じてみる。

そうすると、手を振っているときに、肩だけでなく、身体全体が動いているのだということが分かり始める。

さらに振りながら、腰を観察してみる。手の振りに合わせて、腰はどのように動いているのか。それから、膝や足首の方も同様に動いているかどうかを観察してみる。下半身は、観察してみると動き出すことが多い。そして、自分が意外と下半身に意識を向けておらず、下半身の動きがなくなってしまっていたのだということに気がつく。

胴の辺りや下半身も動いているのが感じられたとき、改めて肩を観察してみると、肩の力が抜けているのが分かる。

こうして身体全体に意識が向けられた状態で腕を振っていると、このエクササイズの心地良さを感じられるようになってくる。身体全体を観察しながら、硬直を感じるところ、あまり動いていないと感じたりするような気になるところがあれば、そこに意識を向けながら振ってみる。そうすると、またその辺りの硬直が少しずつなくなり、動き始めてくるのが感じられる。

自分の身体の観察を普段よりも丁寧にすることによって硬直がなくなっていくのを感じられたら、このエクササイズはうまくいっている。

▼4　雲手

腰の前辺りに雲があることを想像して、それを右手で掬う。掬ったまま、円を描きながら、その手を顔の前まで持っていく。そのとき、手のひらの内側を顔の方に向けて通るようにする。そのまま雲を右の方へとすっと捨てて、また新たに雲を掬う。

こうして身体の前で、手でくり返し円を描く動きをする。

円をできるだけ均一な速度で描くことを意識する。

自分の動きを観察していると、どこかで少し速くなってしまっている部分が見つかる。たとえば、手を下ろすところ、雲を掬うところ、掬った手を上げるところ、顔の前を通すところで速くなっているかもしれない。速くなってしまっているところを、他の全体の速度に合わせていく。そうすると、ゆっくりな動きに全体が均されていくので、次第に動きの速度は遅くなっていく。このとき、動きを四分割してみると分かやすい。四分割したときに、同じ速度であるかどうかを観察してみる。それが慣れてきたら、今度は八分割、一六分割……とより細かくしても同じ速度であるかどうかを観察してみる。

また、「物の重みを身体全体で感じる」でやったように、動いているときにはできるだけ肩の力を抜き、動くごとに身体全体にどのように負荷がかかり、どのように筋肉が動いているのかを感じる。そうするとより均一な速度で柔らかい動きをしやすくなる。力んでいる部分が速い動きを作ってしまっているのだ。

ひと回し毎に、それを初めてやる感覚でやると良い。気を抜くと、何も考えず、感じず、ただ同じ動きを反復してしまいがちである。ひと回しの始まり毎に、初めてやる感覚を持つと、気が抜けず、新しい発見や、新しい改善をし続けることができる。

こういったトレーニングは時間を長くやれば良いというものではない。それより**大事なのは、一回の練習でどれだけの集中力の高まりを作り出せるか、そしてそれによってどれだけ自分の動きに対して変化を促せるかである。**

先ほどのスワイショウも常に初めてやるという感覚でやると、身体感覚に対して意識を集中するのが早くなる。

それから左手でも同じことを行う。

片手でやるのが慣れてきたら、両手を同時に動かして、これまでと同じように回す。右手

④

⑤

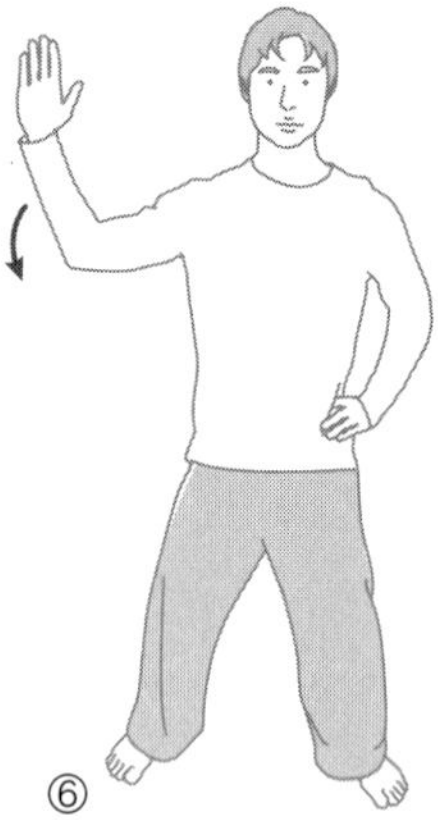
⑥

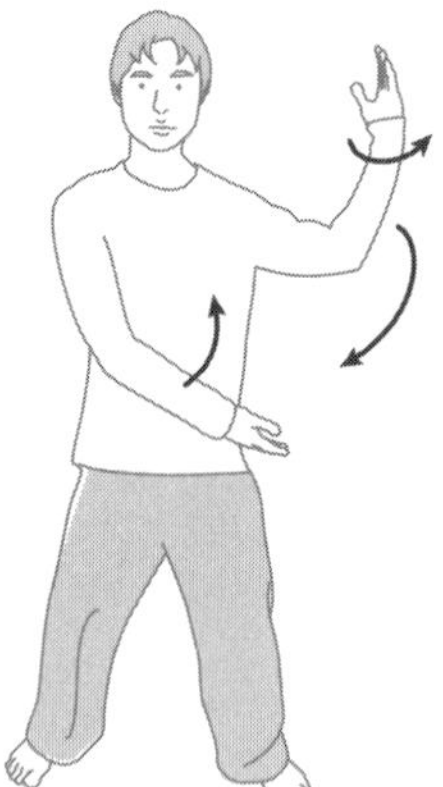
③

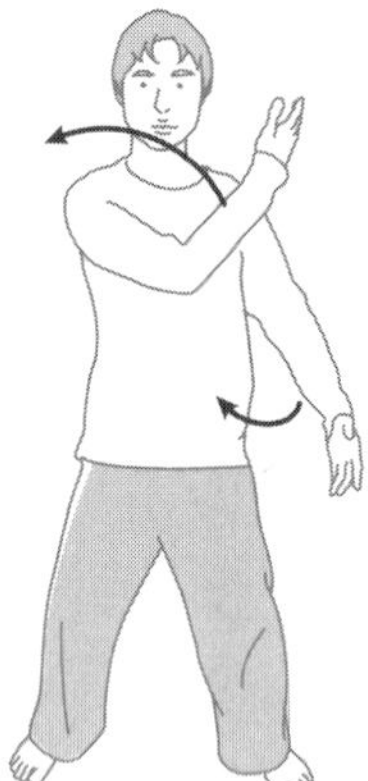
④

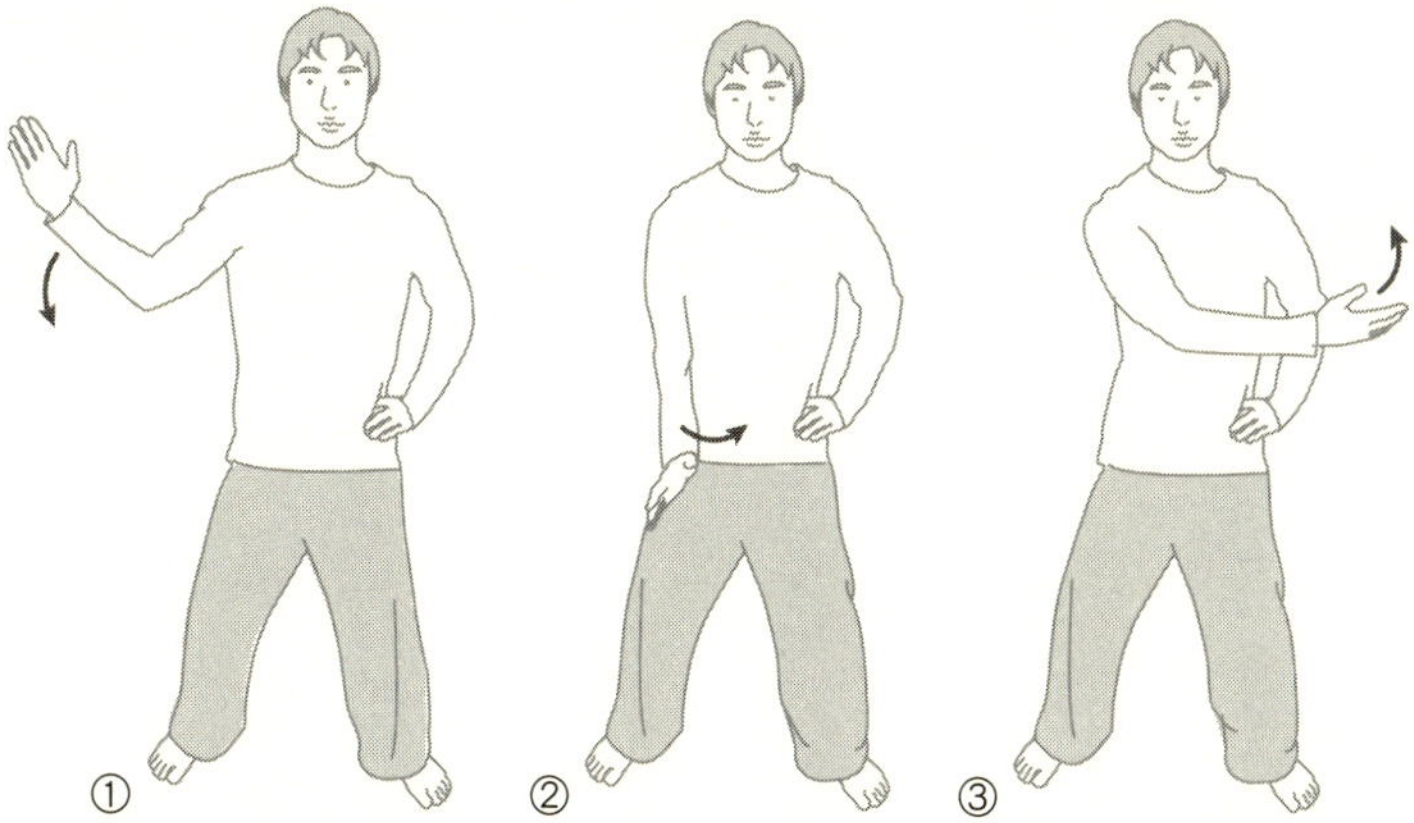

雲手：片手バージョン

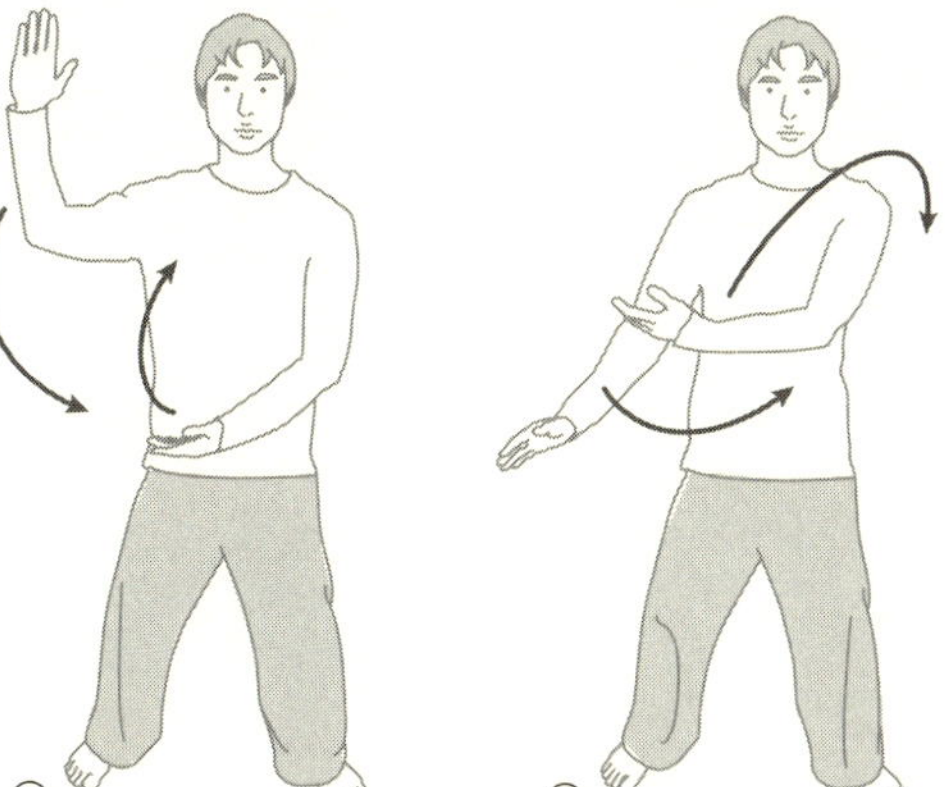

雲手：両手バージョン

が雲を掬っているときは、左手は顔の前にあるように、それから左側で手が交差して、左手が雲を掬っているときは右手が顔の前にあり、それから右側で手が交差するように。

人と接しているときにすぐに緊張してしまって思うように話せないという人には、よくこのエクササイズを一緒にやって覚えてもらうことが多い。

そういう人にとって、両手を同時に動かすことははじめは難しい。片手ではできていたものが、両手になると動きがバラバラになる。特に他人とコミュニケーションをとっているときに、焦ってしまって何を言えばいいか分からなくなったり、緊張によるパターンの反応で思ってもいないことを言ってしまったりする人は、この両手の動きがやりづらいはずだ。

動きがうまくできない人は身体の動きの情報処理能力が開発されていない。思ってもいない失礼なことを言ってしまったり、黙り込んだりしてしまうのは、性格や考え方が悪いからではない。単純に処理能力の低さによるものだ。だから、その部分はトレーニングによって簡単に改善することができる。

▼5　歩く

ここで取り上げるトレーニングは、どのようなときにでもできる。ペットボトルを持ったり、スワイショウや雲手をしなければできないわけではない。エクササイズの動きは、自分の身体への意識の向け方を発見しやすくするための一つのきっかけでしかない。だから、日常的に行っている動作――たとえば、歩くときにも感覚のトレーニングをすることができる。

時間に余裕のあるとき、歩きながら感じてみて欲しい。

肩の力が抜けて、一歩ごとに身体に発生している緊張を身体全体で感じてみる。足を上げるときにその緊張を感じている場所が徐々に移動して、また下げるときにも別の場所に徐々に移動しているのを感じてみる。

また、雲手をしているときのような感覚で一歩を四分割ほどして観察してみると、動きの速度が各場所で異なっていることに気がつくだろう。そうしたら、動きがすっと速くなってしまう場所をゆっくりにしてみる。四分割でそれなりに均等になったら、今度は八分割に……とどんどん細分化していく。特に一方の足が地面につき、もう一方の足を地面から離すところは動きが雑になりやすい。また、このとき足だけに意識が向いて、上半身への感覚が抜けてしまわないように注意する。身体全体に意識を向けながらやった方が細かい動きを力まずにやりやすい。

歩くときだけでなく、ドアを閉めるとき、何かを飲もうとコップを口に運ぶとき、パソコンのキーボードを叩くとき……**日常のさまざまな動きの中でも同じように身体に意識を向けることができる。**起きている間の十数時間、そうやってなるべく身体に意識を向けられれば、自分の動きについて色々なことを発見して改善することができる。

こうやって身体感覚に意識を向けられるようになったら、自分の気持ちが動きの変化に応じてどのように変わっていくかを観察してみる。身体に向けられる意識が繊細になればなるほど、呼吸はゆったりとし、気持ちも落ち着いて、物事を余裕を持って見ることができるようになっていく。

ここまでは一人で自分の状態を観察する方法だが、第4章のエクササイズでは、他人といるときに自分を観察し、それをコミュニケーションに活かすエクササイズを紹介する。

第4章

同調がわかるとコミュニケーションが変わる

人間は自分から脱出できない存在であり、
自分の内部でしか他人を知ることのない存在だ。
その逆を言えば嘘になってしまう。

マルセル・プルースト『失われた時を求めて』

1■自分を感じて、他人を感じる

▼1　同調とは何か

人は他人と接するときに考える。

どのように話を進めていこうか、相手はどんなことを思っているのか、自分は嫌われていないか、変だと思われていないか……。このときに自分一人の考えの世界の中に入り込んでしまい、目の前の相手との関係が切れてしまう。そして、考えの世界の中に入り込んでしまったゆえに、心身ともに緊張してしまう。そのとき、相手のことを見ていなかったり、感じられない状態になってしまう。

自分の予想通りに会話が展開することを望むのではなく「どうなるか分からないけど、どうなるか楽しみだ」と相手との関係が自然と展開していくことを楽しみにすると身体の力は抜ける。

自分の考えの通りになって欲しいと望むことが自分を緊張させ、相手との関係を切ってしま

うのだ。

そういった考えと身体の緊張の少ない、リラックスした状態で相手に意識が向けられた状態だと同調できる。そのときには、相手と声のトーンや、身体の動きが合っていて、第三者から見ても二人で話している様子が自然に、通じ合っているように見える。

こうした気持ちが通じ合う、互いの「つながり」を感じられる状態を「**同調**」という。同調できているときは身体の動きのリズムや声のトーンが自然と一致する。

しかし、自分は相手と同調できていると思い込んだまま、実際は硬直して、自分の考えの中に引きこもってしまっていることがいかに多いことだろうかと僕は思う。自分ができていると思ってしまった時点で、自分と相手に対する観察が失われてしまい、同調できていないことに気づかなくなってしまう。そういうときに仲の良いと思い込んでいた人に関係を断たれたり、裏切られたりしてしまう。

その前兆はすでに、同調できていないときにあった動きのズレの中に生まれていたにも関わらず、自分は相手と仲が良いと思い込んで、相手や自分を観察することを怠ってしまっていたから分からなかったのだ。それはいつまでも人間不信であれということではなく、親しい仲にも礼儀ありという言葉の中にある思慮深さや、相手にいつまでも丁寧に意識を向ける感性というものだと思う。

「同調しよう！」と意識をすると、力が入ってしまい同調できなくなる。意識するのではなく、むしろ今の自分の考えや身体の緊張が目の前の相手と同調することを阻害しているのではないかと、自分自身の考えや身体を観察し続けることによって同調できるようになる。同調できるようになり、相手と自分の動きが合っているのを感じられるようになると、相手の気持ちを感じたり、相手に自分が言いたいと思っていることを自分の内に感じて言葉にしたりしやすい状態になる。

そのことについて、この章では説明しようと思う。体験しないとにわかには理解しづらいかもしれないが、具体的なトレーニングの方法があるので試してもらえればと思う。

▼2　同調したらどうなるのか

同調が起こると、動きや筋肉の緊張具合が同じような感じになる。

たとえば、仲良く歩いている友だち同士と思しき二人組の足元を見てみると、まったく同じ歩調で歩いていたりする。彼らは歩調を合わせようとはしていないだろう。歩調が合っているのは、彼らが互いに楽しく時間を過ごせていることで自然と同調した結果である。

反対に、緊張した保険の営業マンが喫茶店で大きな声で話していることがある。話を聞いているお客さんは彼のような大きな声を出してはいない。二人の声のトーンはずれている。このとき、二人は同調していない。営業マンはどうにかしてうまく仕事を進めようとしており、一方のお客さんは、自分が騙されていないかどうかを疑っているのかもしれない。このとき、営業マンは欲望を抱いて緊張しているため、お客さんはそれを察知して営業マンと同調することを避けている。

喫茶店で人と話しているときに水を同じタイミングで飲んだりするのも同調である。また、互いに同じように落ち着いていたり、緊張していたりすることもそうだ。**互いに意識を向け合っているとき、落ち着き具合や緊張具合も細かく見てみると、同じような感じになっている。**

だから、もし相手の気持ちを分かりたいと思っているのにうまくいかないなと感じていたら、相手と自分の身体の状態や声のトーンを確認して欲しい。同調しておらず、ズレていることがわかるだろう。

もしかすると、そのときは、自分勝手に相手のことを考えているだけかもしれない。そう思ったときは、落ち着いて自分がいったい何を考えているのかを観察して自覚することだ。「あぁ……相手のことじゃなくて、自分のことを考えているだけだった」と、その考えに気づいて、改めて相手に丁寧に意識を向けたとき、自然と同調し、相手の身体の緊張具合や声のトーンに自分の身体が合うのを感じられるようになる。

▼3　同調するのに必要なこと

同調するために必要なことは二つだ。

第3章までに書いたように、**自分自身の身体の緊張具合と感情を感じることと、相手に意識を向けること**だ。この二つができたとき、自ずと同調する。

次にこの二つのことについて詳しく書いていく。

▼4　同調するために自分を観察する

自分を観察することとは、今の自分の心身の状態を感じることである。身体のどの部分に緊張があるか。呼吸はどのような感じか。そして、どのような気持ちでいるか。

そうやって自分の状態を感じることが、他人を感じるための始まりになる。他人の状態が感じられない人は、緊張し過ぎて自分自身がどうなっているのかを感じる余裕を失ってしまっている。そうなると緊張した状態で他人のことを勝手に考えるしかなくなってしまう。**他**

人のことは、力んで考えて分かるのではなく、ふとそんな感じがするというように感じられるものだ。誰でも仲の良い人に対してはそんな感覚を持っているが、無理に仲良くなろうとしたときには力んでしまって、そのことを忘れてしまう。

▼5　相手に意識を向ける

自分を観察してリラックスした状態で他人に意識を向けると、自分の心身の状態が変わる。緊張している人を見ると緊張し、リラックスしている人を見るとリラックスする。自分の緊張がなければないほど、状態の変化ははっきりと感じられる。反対に自分の緊張が強いと、状態の変化は微妙にしか感じられないかもしれないし、まったく感じられないかもしれない。たとえば、喫茶店にはいろいろな人がいる。パソコンに向かって集中している人、ぼんやりとしている人、楽しそうに話している人、つまらなさそうに話している人、皆一人一人違う状態でその場にいる。

その一人一人に意識を向けて、自分の状態がどう変わるのかを観察してみると、他人に意識を向けるだけで自分自身の状態が変わることが分かる。そうやって、他人に同調することで自分の中に生まれた感覚をもとに、他人のことを捉えることができる。

2■同調の訓練

▼1　同調することで得られるもの

人は空っぽの身体の中で他人を感じる。自分の中にぎゅうぎゅうに考えや緊張が詰まっていたら、他人を感じることはできない。感じられるのは、自分自身の考えと緊張だけである。しかも、自分ではそれと知らずに、感じているのは自分自身の考えと緊張であるにも関わらず、それらが他人だと思い込んでしまう。

完全に他人だけを感じることはできない。自分が混ざってしまう。だからこそ、できる限り自分を空っぽにするように準備をする。

カウンセリングでクライアントと別れた後はいつでも、対話しながら感じ取ったと思ったクライアントの姿は、自分自身の考えと緊張であったのではないかと見直している。

身体に残った違和感、高揚感、緊張を自分自身で捉えながら、それらを感じて動いてみる。

そうすると、落ち着いてきて、クライアントだと思っていたものの一部は、クライアントに投影していた自分自身の姿であったことに気がつく。

そうして自分自身の姿、振る舞い、思考を、他人と接しているときや、接したあとに見直してみると、自分がいかにいろいろなことを思い込み、他人と自分を混同しているのかが分かる。そうやって他人と接し、自分を見直し続けていると、次第に自分の中の思い込みが消えていき、他人をよりフラットに感じることができるようになっていく。

たとえば、怒りは自分の中にある見たくない部分を他人の行いを通じて見せられたときに生じることもある。また、他人への共感は、自分の中にあるものを自分が心地良く受け取れるように見せられたときに生じることもある。誰かのファンなどはそれである。彼らは一人の人物や、その人物の表現——たとえば曲や文章の中に自分自身を見ている。熱狂しているとき、相手に自分を投影して、本人はその人物を自分と同じだと思い込む。

こうした**他人と自分を混同して起こる怒りや共感を、自分から引き離して見ることができたとき、自分がどのようなことを感じ、どのようなことを思い込んでいるかということに気づく。**こうして、自分と他人を混同していないかを注意深く確認していくことで、怒りを感じることが少なくなったり、他人に盲目的に熱狂したりすることがなくなってくる。

以下の訓練は、他人とどれだけ同調しているか、あるいはしていないかを実際に感じ、より同調できるようになるためのものである。

▼2 チーサオ風——他人との同調の精度を高めるエクササイズ

二人で向かい合って、一方が腕を左右とも、相手のそれぞれの腕の上に置く。手首より少し肘よりに置くようにして。それから腕を置かれている人が、相手の腕を上げていく、顔の前の辺りまできたら、手首を返して、下の方へと降ろしていく。このとき、互いの腕が離れないようにする。

以下、両手で円を描く側と回される側が気をつけることについて。

・両手で円を描く側

置かれた腕の重みを感じる。そして、「物の重みを身体全体で感じる」でやったように相手の腕の重みを感じる。

このとき、こちらの肩に力が入っていると、同調して、相手の方にも力が入ってしまう。

また、相手の肩に力が入っていることによって、こちらも力が入ってしまうこともある。そのときにも、相手の腕の重みを感じながら、自分の肩の力を抜いていく。

それから、相手の腕の触れた感じを味わいながら、腕を上の方に上げていく。このとき、無理に上げようとせずに、相手の腕の重さを運ぶように動かすとうまくできる。

顔の前の辺りにまで上がったら、手首をゆっくりと返して、下の方へと下げていく。このとき、相手が離れていかないように接している部分の感覚を味わう。もし相手が離れていきそうになっても焦らずに、相手と接している部分の感覚を味わうと、離れずに回すことができる。

腰の前の方へと下がったら、また手首をゆっくりと返して、上げていく。このくり返し。

手首は上にいったとき、下にいったときに急に回すというよりも、徐々に回していけると良い。手首が緊張したままだと急に回すことになってしまい、相手と接している部分が徐々にずれていってしまう。手首がずれて、手首の緊張にも自分で気づいたら緩めてみる。

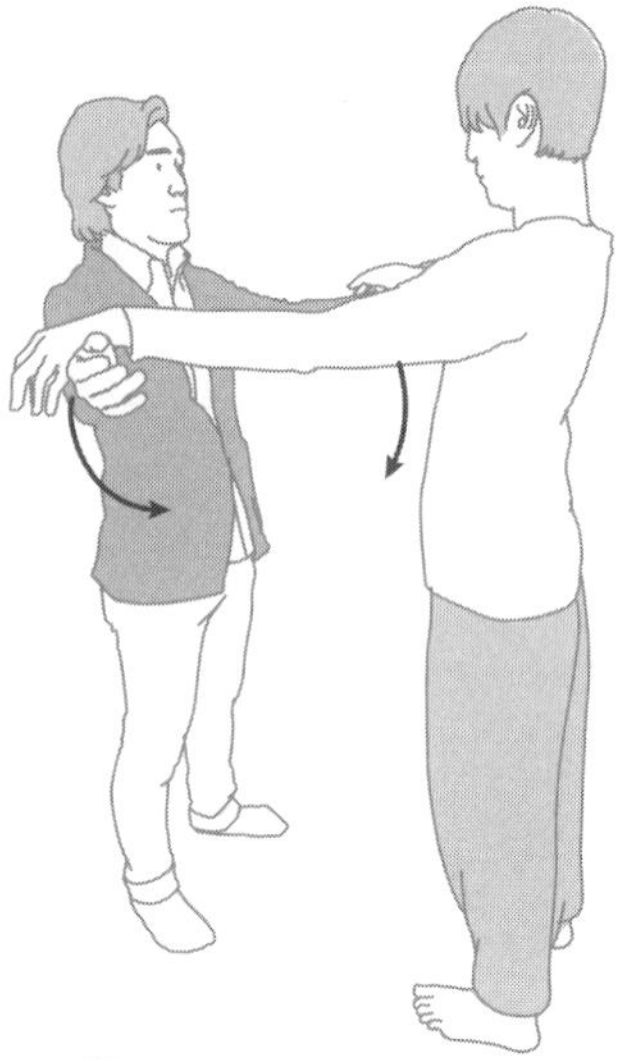

③

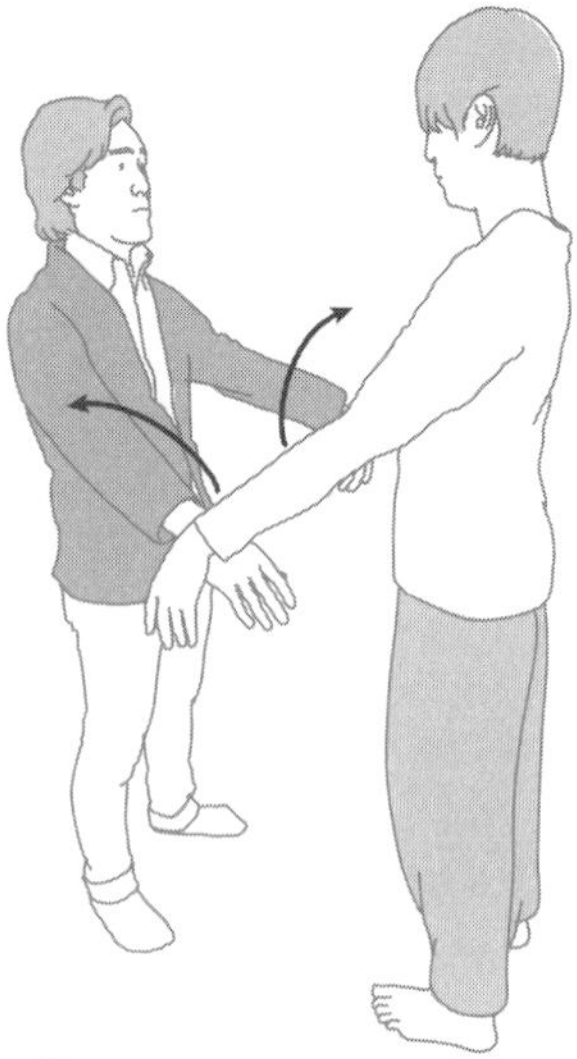

④

・回される側

相手の腕に自分の腕を置く。このときなるべく肩の力を抜いて置く。しかし、体重を預けるわけではない。自分の腕の重みを相手に預けるような感じ。

それから相手の腕と接している部分の感覚を感じる。肌が触れている感じ。それを味わっていると、自然と何も考えなくなる。体感覚を味わっているときは、考えることができないためである。考えてしまっているときは、相手と接している腕の部分の感覚を味わうと良い。

相手が腕を上げ始めても、何も考えず、ただ腕の接している感じを味わう。上までいって、下に返していくときも肩の力が抜けたまま、自然と腕は相手にくっついたまま、下の方へと降りていく。この

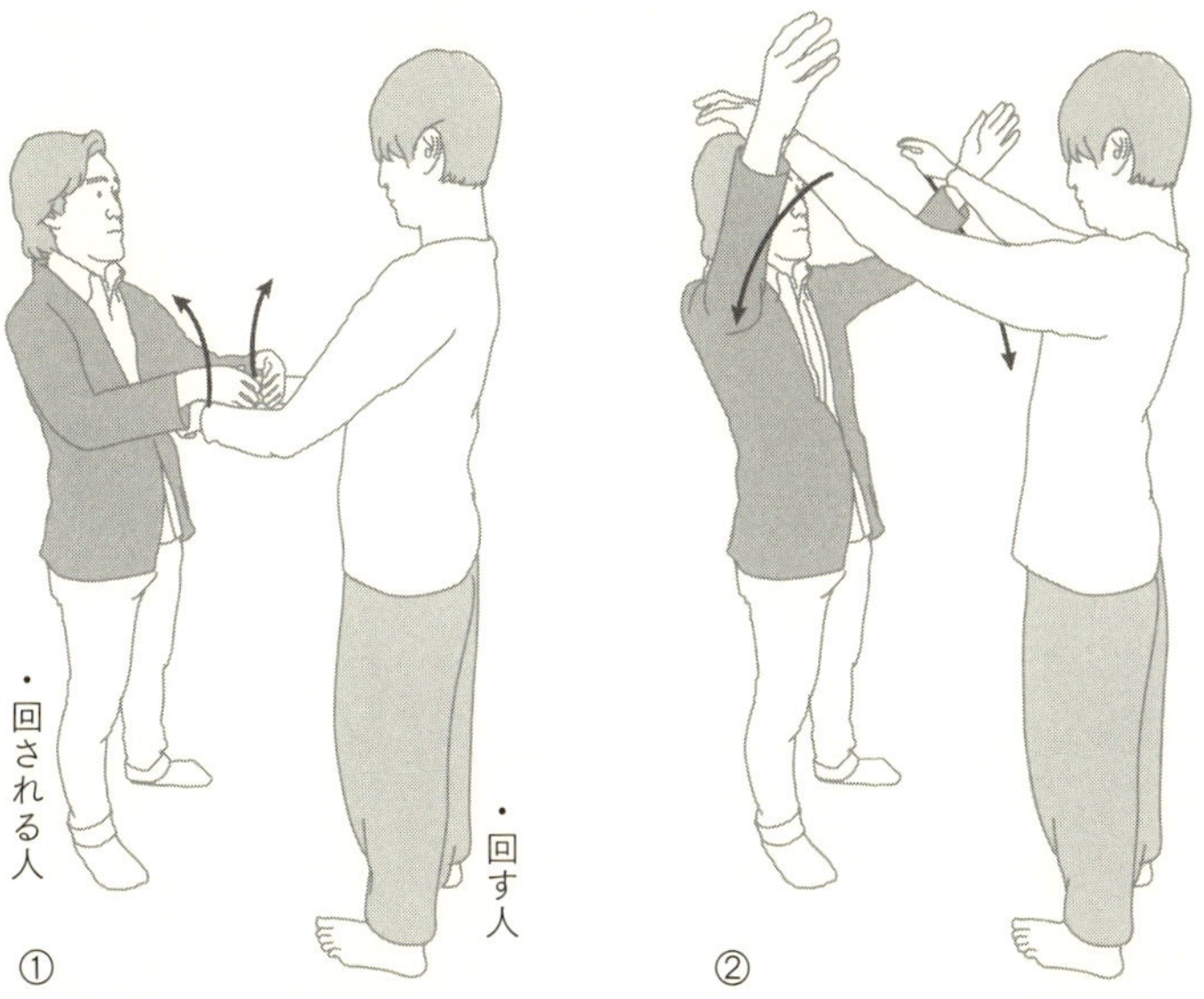

ときもし腕が相手と離れてしまったり、肩に力が入ってしまって動き難くなった場合は、腕の接している感覚を感じ忘れているので、また接している感じを味わうことに集中してみる。

円を描く側、回される側ともに、うまくできたと思えても、どこかに自分の緊張がないか、自分の体感覚に意識を集中し切れているかを見直してみること。

このエクササイズでは、自分が普段他人と接しているときに、どのように緊張しているか、どれだけ相手を感じる代わりに、自分のことを考えているかを発見することができる。

気を遣っている人は、相手に何をすれ

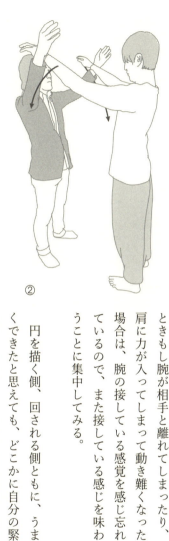

ば良いかと考えることで緊張して、相手との接触を恐る恐るしてしまうかもしれない。またその反対に相手を無視してしまっている人は、回す時に相手を無理矢理に自分のペースで回そうとしてしまうことで抵抗されてしまうかもしれない。

会話の中ではそのような緊張、コミュニケーションのズレははっきりと目に見えにくく、それらを互いに多少感じていたとしても、話を無難に進めていくことの方を尊重してしまいがちだ。このエクササイズをすると、日常の中では捉え難い形で存在している緊張や抵抗、互いのズレを感じられる。

▼3　鏡の雲手——触れずに同調の精度を高めるエクササイズ

先にやった雲手を、向かい合わせで互いに動きを合わせてやっていく。

動きを無理に合わせようとすると難しい。チーサオ風で行ったように相手に触れてその触れた部分の感覚を味わうことを、触れずに想像して味わってみると自然と動きが合ってくる。このときも考えることよりも、自分の体感覚を頼りにしながら行うことが大事だ。ただし想像に没入して思い込まないこと。実際に動きが合っているか否かを丁寧に見て、自分の感覚がただの思い込みか、体感覚が合った同調なのかを見極める。

動きを合わせようとして相手の手を凝視すると必死に合わせようとしている感じになって

しまい、ぎこちなくなる。相手の胸の辺りをぼんやりと見て、目の端で腕が動いている様子を捉えながら、相手の腰から下の動きも捉えてみると、より全身で同調することができる。観察している範囲が広くなり、また指の先など細かい部分にも観察を向けて、観察の精度が高まるほど、同調の精度も高まることを感じて欲しい。このときに、意識して動きを合わせるのではなく、観察できている範囲が自然と合うのだということが分かってもらえると思う。

動きがズレていると違和感がある。その違和感をなるべく小さくしていけるように相手と動きを合わせていく。

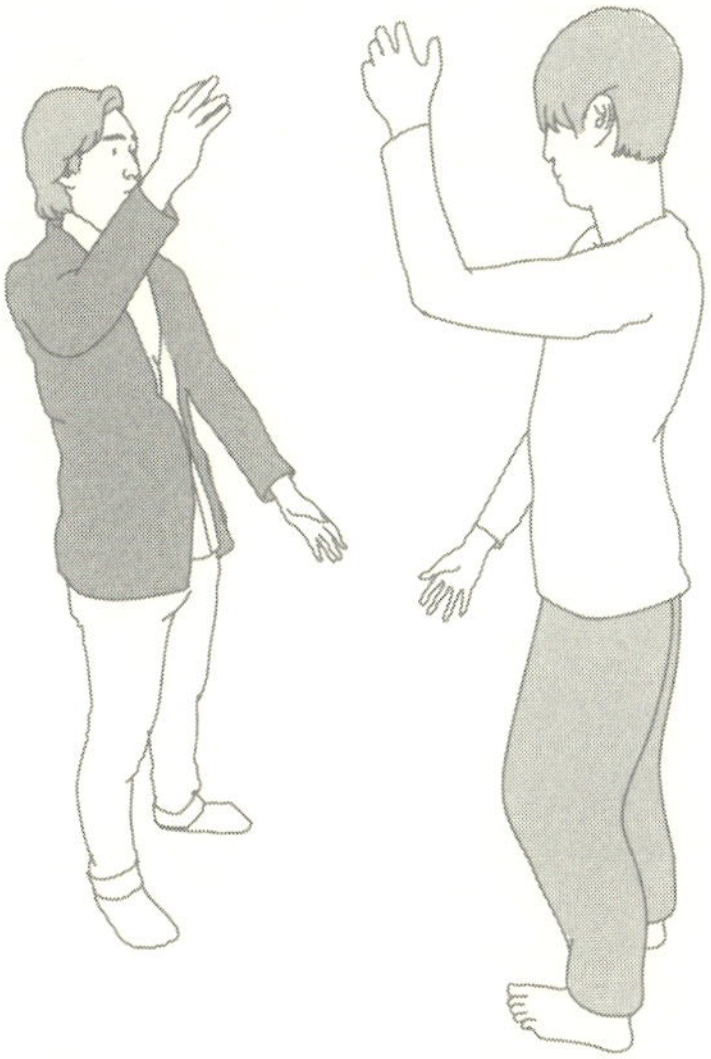

このトレーニングをすることで、直接触れずに他人と同調する精度を高めることができる。頭で考えずに、体感覚を使って他人と動きを合わせるトレーニングである。

▼4　歩いている人に同調する

鏡の雲手でしたことを、外にいる知らな

い人にやってみる。歩いている人の中から対象とする人を見つけ、三メートルほど離れたところをキープしながら歩調をまったく同じにしてみる。

これも相手の足の辺りを見て、動きだけを合わせようとすると難しい。相手を見て、鏡の雲手をしたときのように、相手の身体に触れることを体感覚を使いながら想像する。

その人がどんなリズムで歩いているのか、想像できたら、自分の中にそのリズムを作ってみる。「とん、とん、とん」と心の中で呟いてみると、自分の中にそのリズムを作りやすい。小さく声に出してみてもいい。いろいろな人にやってみると、皆、自分とは違うリズムで歩いているのだということを実感できる。

リズムを合わせることに慣れてきたら、そのリズムをとっているときに自分がどんな気持ちになっているかを捉えてみる。うまくできていると、リズムをとる前の自分とは違う感じがつかめるはずだ。心地良さそうに歩いている人に合わせると明るくなり、しょんぼりと暗く歩いている人に合わせると暗くなる。そうやって、リズムを合わせて同調したときに自分の中に生まれてくる感情や感覚の中に、相手の感覚や感情がある。それは考えるのではなく、ただ感じられてくる。

同調は何も考えず、自分の緊張が抜けていたら自然と生まれるものだが、こういうプロセスを踏むことで自分の緊張を抜いて他人と同調していくコツがつかめてくる。

このように相手の体感覚を想像し、リズムを合わせていくと、相手の歩いているときの全身の感覚が感じられるようになる。気持ち良く歩いているのか、緊張しながら歩いているのか、これから向かう先は本人にとって楽しみなところなのか、それとも嫌々向かっているのか。そういう相手の感覚が感じられたときに、自然と歩調が合い始める。

大事なのは自分の体感覚に集中しながら、相手に触れることを想像してみて、自分の中にどのような体感覚、感情が生まれてくるのかを味わうことだ。そうすると、自然と考えずに相手とリズムを合わせることができるようになる。

これができるようになると、対面して他人と話しているときにも、自然と相手と同調できるようになる。

たとえば、道で見かける猫たちは、自然と、向かい合った他の猫と同じような身体の動きをする。動物にとっては、緊張し合ったり、リラックスし合ったりすることは自然なことである。人もまた本来はそうだが、考えて自分の中に閉じ籠り、周りに対する観察を欠くと、その同調が失われる。

新しく何かを身につけるというよりは、自然な状態であればできるはずのことを再びできるようになるという感じである。そのために、相手に合わせるにあたって余計なことを考えてしまっていると自覚して、捨てていく。

考えることが悪いということではない。

しかし、そういった考えに知らない間に囚われて、自分の中に閉じ籠り、目の前の相手を観察できなくなり、相手を感じることができなくなってしまっているとすれば、それは問題である。

これをやってみると、考えていたら同調できないということが分かる。反対に、歩調がうまく合っているときは何も考えていないはずだ。そうやって相手に合わせているときに、自分の頭の中が空っぽになっている瞬間があるのを感じられたら、できていると思って良い。

▼5 ただし、トレーニングはトレーニングでしかない

ここで挙げたトレーニングをすることで、自分が日常生活で相手と同調できずに、自分の考えだけで動いてしまっているということを見出すことができる。そのときには目の前の相手は見えておらず、考えだけにフォーカスしてしまっている。どのようなときに相手に意識が向けられなくなっていて、自分の考えに籠っているかを知ることで、自分が気をつけるべき瞬間が分かるようになる。相手に意識が向けられていない瞬間に、相手とのズレが起こっている。

もし、こうした相手と同調する感覚の改善なしに、どうすれば良いかと考え込んでしまったら、同調できないまま解決策を見出そうとするので、結局はまたぎこちないコミュニケー

ションをとることになってしまい、相手とズレがあるまま無理をしてうまくやっているように見せかけることになってしまう。

そうやって同調の感覚の改善なしに無闇に場数をこなすよりも、トレーニングをしてから新たにコミュニケーションの場に身を投じる方が有効である。そうすることで、ぎこちないものを、より自然なものへと着実に変えることができる。

しかし、スワイショウや雲手ばかりをしたり、街で人との歩調を合わせることだけをしていても、どんどん怪しい人物になるばかりである。**実際にコミュニケーションをとらずにコミュニケーションがうまくなるということはない。**コミュニケーションをとらずに、トレーニングばかりをするということは、トレーニングに逃避しているということでしかない。逃避のためのトレーニングは最早トレーニングではなく、自分の思い込みを助長させる自慰行為になりかねない。

トレーニングをしながら、日々の自分の動きを見直していると、普段のコミュニケーションに「大切な本番としての重み」を持たせることができる。トレーニングをして見直して、実際にコミュニケーションをとる中で変化を感じたりできていない部分を発見して、またトレーニングをして改善して……というように。そうやって、自分の普段のコミュニケーションの質が変わっていく楽しさを、トレーニングを通して見出してもらえれば嬉しい。

3■同調の質をより高めるために

▼1　自分のコミュニケーションのパターンを見直す

自分の口癖、よくしている動きを探してみる。そして、その口癖や動きのときにどのような気持ちでいるのかを感じてみる。たとえば、話すときに膝を摩っているとか、話す直前に唇に力が入るとか……誰でも何らかの動きの癖がある。よくやっている癖であればあるほど、知らない間にやっていて、そのときにどのような気持ちでいるかを自覚できていない場合が多い。その動き、癖が悪いものだからなくさなくてはいけないということではない。**無自覚にしてしまっている動きを認識することで、より自分自身の動きや気持ちに対する観察力を上げることができる。**知らずにやっている動きの癖の中には、自覚していない自分の感情がある。

同調を妨げるのは、無自覚な感情だ。自分のそのときの感情に気づかず、知らぬ間に考えたり、動いたりすることで、他人を感じることよりも、自分自身の中に籠《こも》ることを優先してしまっている。自分の感情に気づいている分だけ、他人に意識を向け、同調することができる。

たとえば、相手への恐怖から、相手のことを警戒して必死に見ている人は、自分が必死に見ていて、そのために目の周りに力が入っていることを知らない。

また、自分の恐怖という感情と、目の周りの緊張を観察できていないため、同調できていないことも知らない。

このように本人が気づいていないところは誰の身体にも存在している。それを自覚するだけで、その部分の緊張が抜けて、相手のことがそれまでよりも分かるようになる。この場合は自分が相手のことを怖がっているということを素直に認めることで相手に同調できるようになる。

▼2 同調すると相手と姿勢が同じになる

同調しているとき、人の身体は自然と似たようになる。同時にコップの水を飲むこともあるし、知らぬ間に他人の目の周りの筋肉の痙攣が移ってしまっていることさえある。このような無意識な動きが同じようにもなるし、無意識にとっている姿勢もまた同じようになる。

もし相手のことがよく分からないと思ったら、自分の姿勢が相手と同じかどうかを確かめてみると良い。 たとえば、相手が落ち込んで少し前屈みになっているときに、自分は相手のことを分かろうと必死に身を乗り出していることがあるかもしれない。

人は姿勢次第で気分が変わる。虚勢を張るように胸を前に突き出したまま、落ち込んでいる気持ちを味わうことは難しい。

しかし、意識的に姿勢を合わせると不自然になる。チーサオ風や鏡の雲手をしているときと同じように、動きだけを無理に合わせるのではなく、相手のことが感じられると、自然と姿勢が同じになる。

だから、もし姿勢が違っていたら、相手を感じているというよりは、ただ自分の頭の中で相手のことを考えて思い込んでしまっているのではないかと自分に注意を向けてみると、その思い込みに気がつける。

相手のことを分かってあげなければいけないという感じではなく、どんな感じなんだろうとある意味気楽に感じてみる方がうまく感じられる。

チーサオ風、鏡の雲手、歩調を合わせるエクササイズをしているときの感覚がそれである。エクササイズをしているときの感覚を持って姿勢を合わせてみると、相手が今どんな気持ちでいるのかが自然と感じられるようになる。落ち込んでいる人の話を身を乗り出して聞こうとしているときの例で言えば、相手と同調して姿勢を合わせてみて、自分も少し前屈みになったときに、相手がどんな気持ちでいたのかが自然と分かる。そして、落ち込んでいる方も、そのような姿勢で同調してもらったときの方が、身を乗り出しているときよりも話しやすくなる。

▼3　自分の心身を、他人をそのまま映すための人形として扱う

会話の中でうまく反応しなければいけないと考え過ぎる人が多い。

そういう人は盛り上げたり、褒めたり、相槌を打ったりと忙しい。そうしなければ機嫌を悪くする相手がいるから、そうするように教えられたり、周りに影響を受けたりして、自然と学習した結果なのかもしれない。もちろん、それをしたらいけないというわけではないが、それをしているときには同調はできない。ただの決まった反応をする機械になってしまい、そのときの相手の気持ちも自分の気持ちも感じられなくなる。

相手の会話に合わせて、何かをしなければいけないという思い込みをいったん捨ててみて、**自分をただ相手の前にある人形だと思ってみる。**その人形は、相手の状態をそのまま映し、筋肉の緊張具合も、動きも、同じようになると思ってそのようにしてみる。そうやって、同

じような身体の状態で、同じような感情を感じようとしてみる。相手に対する気遣いはせず、ただ同じように感じるだけの人形になりきる。

相手のために何かをしなければいけないという意識を抜いてみて、相手の状態を感じることに専念したら、相手に対して同調することができる。

もちろんそうするだけでコミュニケーションがうまくいくわけではないが、この感覚を得ることで、他人のことを感じることができるようになる。

こうやって落ち着いて相手に合わせてみると、相手にどう働きかけようかと考えることが、相手のことを感じることをどれだけ妨げているかが分かる。

▼4 リーディング

相手の状態を映す人形になりきれていればいるほど、他人の状態を変えていくこともできる。

たとえば、相手の話を聞いて、返事をするときに「そうなんですか」と反応をするとする。人形になっていれば、自然と相手と同じ声のトーンになっている。そのときに同じトーンで発声をせずに、相手から受け取った状態から少しだけ落ち着いた状態になって、「そうなんですか」と発声する。これまでのただ感じて同調するだけのものとは違い、同調してそこからさらに感じたものを自分の中で変化させなければいけないため、少し難しいかもしれない。

相手にとって違和感を感じないくらいのレベルでの声のトーンの変化であれば、相手はその音に誘導され、同じように少し落ち着いた状態になっていく。

相手との差が小さければ小さいほど違和感を覚えさせない。反対に、差が大きくて違和感を覚えさせてしまうと、相手は誘導されない。違和感を覚えると、何かおかしいと意識が働いて考えてしまって、身体が緊張して、変化しないように固まってしまうからだ。

このように誘導されることは誰もが普段から経験している。たとえば、気持ちが落ち込んでいるときに、陽気な映画を観ると何だか今の気分に合わないなと感じる。それよりも静かな映画を観る方がすっと入り込める。その静かな映画がゆっくりと陽気になっていくと観ている方も知らないうちに陽気になっていく。

自分と大きく違うものには人は拒絶を示すが、少しだけしか違わないものには同調する。そうすると、同調したものがその後も少しずつ変化していることに気づかずに、それに合わせてしまう性質がある。

このテクニックは、できる限り相手が心地よさそうな方向へと進んでいった方がスムーズにできる。相手が不快に感じる方向へと進めることもできないわけではないが、そのときには、同調している自分自身も不快になってしまうので、リスクがあることを自覚しておいた方がいい。また悪意があると、自分に余計な緊張が入ってしまうために難しい。誰でも相手に好意を持っているときの方が自然にリラックスできるものだ。

相手の心地よい方向へと向かえば、互いに心地よさを味わえる。誘導するためのテクニックというと、相手をコントロールするように感じられるかもしれないが、コントロールというよりも、互いに心地よさを感じられるための場作りと考えた方がうまくいく。

▼5　他人に意識を向けたときに生まれる緊張を丁寧に扱う

同調するためにはリラックスした方が良いと思って、無理に力を抜こうとしてしまう人がいる。その場合、力を抜いた状態を固定しようとするため、他人と同調することができなくなってしまう。そういう人は緊張することが悪いことだと思い込んでいる。**緊張することは悪いことではない。緊張することが、他人を認識する始まりだと言ってもいい。**

相手を見たり、意識したりすると緊張する。それは自然なことだ。目を閉じて一人きりになった状態を味わい、それから目を開けて、誰かを見る。そうすると、見ただけでも自分の気持ちや身体の緊張具合が変わったことが分かるだろう。それが他人に意識を向けたときに生まれる緊張である。

それからまた違う人を見てみると、そのときにもまた違った緊張の仕方をする。

相手と同調するためには、緊張を自覚することの方が大事だ。その緊張を隠さずに、相手に自分の内部にある緊張を隠さずに見せるようなイメージを持つと、相手に心を開き、相手の状態を感じられる状態になる。そうした方が結果的には無理な緊張がなくなるのだ。

このことを今までも多くのクライアントに伝えてきた。そうすると、「緊張したらいけないって思って緊張を感じないようにしていたんですけど、そう思っていたから緊張していたんですね」と言われることが多い。

もちろん、緊張し過ぎてしまうと相手のことが感じられなくなってしまう。だけど、緊張を感じないようにしたとき、すでにそうやって緊張に対して不感症になるための緊張をしてしまっている。

緊張を感じないように無理をするのではなく、他人に意識を向けたときに生まれる緊張を素直に感じて、それがどのように変化していくのか、またそれをどれだけ感じ続けられるのかを味わうと、結果的に目の前の相手に対して逃げずに向かい合うことができるようになる。

▼6　喫茶店でトレーニングをする

喫茶店などで、別の席で会話している知らない人たちの様子を見て、身体の動きの同調の具合を観察してみる。たとえば、一方が話したあとにもう一方が必ず乾いた笑いをするとか、過剰に頷くとか、一方は身を引いて腕を組んでいて、もう一方は身を乗り出しているとか、二人のズレを探してみる。

たとえば、一方はゆっくり話しているのに、もう一方は「うんうん」とはやく頷いているなど、二人がずれた動作をしているときは互いに何か別のことを考えている。

頷いている方は嫌われないためにどうすればよいかと考えていたり、騙そうとしていたり、その後に話をどう展開させようかと考えたりしているのかもしれない。

この稽古では、自分は観察するだけなので、他人と対面しておらず、相手との関係性がないからやりやすい。実際に相手を目の前にすると、相手に返事をしたりしなければいけないので難しい。まずは自分が相手と対面していない状況で動きのズレを見つけることができるようになると、他人と対面して話しているときにも自然と自分と相手のズレを見つけることができる。

人は基本的に他人とズレている。少し意地悪かもしれないが、それくらいの気持ちで見てみると、より細かいことに気がつくようになる。

また、他人同士のそういうズレた動作を見つけられるようになると、普段自分が同じようなズレた動作をしていることにも気づき始める。「自分も同じようなことをしているのではないか」と他人のズレを見て、自分を疑ってみると、自分自身を省みる機会を得ることができる。

▼7　催眠誘導文を効果的に読むために

同調して他人を感じる感覚を味わってもらうための催眠誘導文を紹介したい。

色々な説明によってわかることも多いが、感覚的なことなので、その感覚を少しでも味わってもらえた方が、同調に対して、こんな感じのことかと理解してもらいやすいかもしれない。催眠誘導文はそのまま読んでいただいても問題ないが、事前に読むための準備をしておくと、より感覚の変化を効果的に味わってもらえると思う。

・意識を内側に向ける

呼吸をしながら、自分の呼吸の様子を感じ取る。吸うときは鼻から吸い、吐くときは口から吐く。吸うときに空気が鼻腔を通る感覚、吐くときには息が唇に当たる感覚を感じながら、呼吸をくり返す。そうすると、意識が自分の内側に向いて少しぼんやりとしていく。そうすると、身体感覚や、今の気持ちを感じやすくなる。

この状態で文章を読むと、文章の意味ではなく、文章を読むことによる自分の気持ちや感覚の変化を感じ取れるようになる。

たとえば、「コップの中の水」という文字を読んだとき、心の中にコップの中の水が浮かぶ。映像としてははっきりと浮かんでもいいし、なんとなく「コップの中の水」を見たり、触れたりしているような感じがあるだけでも良い。文字を記号として捉えるのではなく、自分の内面に何かを思い浮かべるためのきっかけとして扱うような感じである。

・イメージと自分の心理状態がリンクするのを味わう

そして、内面に意識が向いている状態のとき、想像したものと自分の内面がリンクしやすくなっている。

たとえば、もし自分自身がコップの中の水だとして、その水の様子が自分の感情とリンクしていると思ったとき、どんなコップに入っていて、中の水はどうなっているだろうか。清々しい気持ち、喜び、怒り、憂い、悲しみなど、感じているものによって、水の色が違ったり、泡立っていたり、渦を巻いていたりもするかもしれない。コップの形もそのときの気分で様子が変わるだろう。

そのように、イメージと自分の心理状態がリンクした感覚を読みながら感じていられれば、うまく読めていると思ってもらっていい。

▼8　自分を感じて、他人に意識を向けるための誘導文

ゆっくりと呼吸をくり返してください。吸うときは鼻から吸って、吐くときは口から細く吐いて。吸うときに空気が鼻腔を通るのを感じて、吐くときは唇の間からゆっくりと空気が漏れていくのを感じて。

そうして呼吸をくり返していると、少しずつ意識が内側に向かい、落ち着いた感じを味わい始めていきます。落ち着いた感じを味わうまで、しばらく呼吸をくり返してください。

生活をしていると、自分の知らない間に心と身体に緊張が溜まっていきます。その緊張は、自覚しているものもあるでしょうし、自覚していないものもあるかもしれません。これからそのいくつかの緊張を持った自分自身を、コップの中の水として想像してみます。

緊張した心と身体はさまざまな色の絵の具が混ざっているコップの中の水のようなものです。今の自分はどのような色が混ざっているだろうかと感じてみてください。ゆっくりと呼吸をして……どんな色が思い浮かぶか、自然と思い浮かぶまで待ってみてください。

水の中には、どんな色が混ざっているでしょうか。穏やかさなら緑、怒りなら赤黒いものが浮かぶかもしれません。水の中に大きく広がっている目立つ色もあるでしょうし、より丁寧に、深く見つめていけば、また別の色も見えてくるかもしれません。

そんな風に自分自身のことをコップの中の水としてイメージしてみてください。そのイメージが浮かんだら、焦らずにゆっくりと、そのイメージを味わってください。ただ、そのイメージを見つめ、味わうだけで構いません。

イメージをしばらく味わえたら、色と自分の気持ちの結びつきを感じてみてください。そこに見出される色は、それぞれ、どんな気持ちを表現しているでしょうか。

その結びつきをなんとなく感じられたら、吐く息とともにすべての色を吐き出してみましょう。激しい気持ちも、穏やかな気持ちも、すべて同じように、吐き出し易いものから、少しずつ吐き出してください。吐く息とともに、水の中の色が自分の中から外に出ていきます。色が出て行くとき、身体の緊張が抜ける感じもあるかもしれません。

水の中が完全に透明な水になることはできないかもしれません。それでも構いません。自分の中にある色を自覚して水の中から吐き出していくと、少しずつ気持ちがフラットになるでしょう。その気持ちの変化、それからコップの中の水の澄んだ様子を味わっていると、身体の緊張も少しずつ、自然となくなっていき、落ち着いてくるのが感じられます。

心の中はただ静かに感じられます。静かで、ニュートラルな、透明な状態です。

その感じが味わえたら、他人に意識を向けてみてください。誰も周りにいなければ、誰かを思い浮かべてもらっても構いません。

そうすると、澄んでいった水の中に、また新たに、色が混ざっていきます。先ほどの自分のものとは違うものかもしれません。そうしてコップの中の水の様子が変わっていくのを、他人に意識を向けたまま、感じていてください。自分というコップの中の水に、他人が入ってくるような、そんな感覚です。

あなたのコップの中の水が澄んでいればいるほど、他人を優しく、心を開いて、繊細に丁寧に感じることができます。

▼9　一瞬で感じられたものだけを大切にする

催眠誘導文を読むときも、他人と同調するときも、考えないことがコツである。

自分の状態を観察してリラックスした上で、他人に意識を向ける。そうすると、ふと水に別の色の絵の具が溶け込んだように、自分の状態が変わる。その状態の変化をその瞬間に捉える。もしそれが何だろうかと考え始めたとしたら、すでに相手には意識が向いておらず、自分の状態の観察も終わってしまっている。

瞬間的に捉えられなかったものは、いくら頑張っても捉えられない。まだその感覚を捉えられる力は自分にはなかったのだということを認めるしかない。いろいろな経験をすることや、自分自身の身体感覚や感情をより繊細に捉えられるようになることで、より細かく、豊かに他人に同調して、さまざまな情報を得ることができるようになっていく。

また無理にはっきりとした言葉にする必要はない。無理に言葉にしようとすると、考えてしまう。なんだか、ぼんやりと、こんな感じがするという程度のもので構わない。大切なのは、自分の中で瞬間的に変化が起きることを感じることだ。そうやってその瞬間に思い浮かぶことを大切に捉えることで、考えずにただ感じるコツが分かってくる。

▼10 自分と他人に同時に意識を向ける

自分の状態を観察しようと自分自身を感じることに没頭すると、自分の目に映っているもの、耳に聞こえているもの、肌で感じているものがあることを忘れてしまう。このとき、外から与えられている刺激に意識が向けられなくなってしまっている。

また、相手に意識を向けようとし過ぎると、身体が緊張して、自分の気持ちや感覚を観察することができなくなってしまう。

どちらかに偏ると同調ができなくなってしまう。誰でも恐怖を感じたり、疲れたり、考え込んだりしてしまうと、偏ってしまう。

偏ってしまったら、自分の気持ちや身体の感覚に意識を向け直してみる。そして、落ち着いて自分の内面を感じられたら、内面を感じたまま外に意識を向けてみる。そうすると、また同調ができる状態になる。

このことについては、第6章で詳述する。

第5章

自分自身で変化を生み出すシステム

『わたしがやり方を知っていることをしない』というのが、力への鍵なのだ
カルロス・カスタネダ『イクストランへの旅』

▼1　機会を与え、観察する／より観察すると自然に動く

悩みはいかにして解消されるのだろうか。

これは難しい問題だ。いつも「私の悩みはどうやったら解決するのでしょうか」とか、「悩みの原因は何なのでしょうか」と聞かれたりする。

それらの悩みに対しては、明確にこれだという答えはない。
もちろんさまざまなカウンセリングの手法やその他、悩みの解決のノウハウがあり、それらは解決法や考えられる原因を提示している。そうしたもののすべてに一理はあるだろう。しかし、それは全体的な真実ではない。

僕自身が言い切れることは、**〝自分自身〟には意図的に足すことも引くこともできない**ということだ。足そうとすれば拒絶を起こし、引こうとすれば今あるものを必死に保とうとする。自分はなかなか厄介なものだ。

悩みが解消するときには、自らの中で自然とごちゃごちゃしたものが整理されて、再構成されてすっきりする感覚がある。外から何か手を加えることはできないが、中身が自然と動き出す。無理に足したり、引いたりして、同じような葛藤をくり返すよりも、その中身の変化を気長に待ってみる方が近道なのだ。

また、他人にも、指示を出し、その通りにやってもらうことはできない。こちらの働きかけに間接的に反応はしてくれるが、アドバイスをしたことをそのまま聞いてはくれない。
他人にも、自分にも、なかなか「こうなった方が良い」と理想を押し付けても通用しない。それよりも、自分自身を見つめることでそれまで散らかっていたものが整理されるのを待ち、自ずと次に自分がやりたいことが見えてきたときに、自然と変化している。

しかし、ただ待つだけでなく、変化のためにいろいろなことをやってみることはできる。体験によって感覚が変わったり、考えが整理されたりする。しかし、自分がこうなりたいと思い描いた期待通りの変化が起こるとは限らない。ある特定の変化を期待して行動をすると、その期待通りのことが起こったか否かだけを観察してしまい、折角の他の変化を見過ごしてしまう。

自分が変わっていく機会を与えること、そして、どう変わっていくのかを観察することで、変化していく自分自身を発見することができる。

▼2　新しい感覚が生まれるのを待つ

自分の感覚を失う機会は世の中にたくさんある。

感動すると宣伝されている映画を観て感動したり、美味しいと言われているお店に行って美味しいと感じたり……どちらもそれを味わう前にすでに特定の感覚を期待してしまっている。それとは別の感想を持つとしても、はじめに与えられた感覚と比べてみたり、反対してみたりといった感じで、なかなか一度期待してしまったものから離れることは難しい。
とはいえ、それが本当に自分自身の感じたものなのか、それとも期待したものを感じているだけなのかを吟味することに注意を向けて、選り分けようとしたら、余計に混乱してしまう。

大事なのは、それがどちらであるかということよりも、**自分自身がさまざまな機会に触れて、新しい感覚が生まれることを楽しみにしているかどうか**だ。楽しみにしていると、自ずと新しい感覚が生まれたことに注意深くなる。思った通りの感覚を引き起こしてもらおうと他人任せに期待していると、期待通りのことが起きなかったことを残念に思ったり、酷いときは怒ったりしてしまう。そのときには、はじめに期待した感覚にしか意識が向けられていない。そうなると、それとは別に自分の中に生まれている感覚に気がつけなくなってしまう。

ある機会に触れて、良いものでも悪いものでも、自分にどんな反応が起こるのかなと構えずに楽しみにしてみることが新しい感覚の芽生えを見るコツだ。そうすると、自分では思ったことのない反応が自分の中で起こるのが見つかるかもしれない。

思い通りの結果を期待すると、それ以外は認識しなくなる。しかし、体験することそのものを楽しみにして、その結果どうなるかを体験に任せてみると、自分の中に新しい感覚が生まれてくるのを感じやすくなる。

▼3　やりたくなるまで待つ

悩むと、同じことを無理に頑張ろうとしてしまうものだ。それでは頑張れる間だけしかうまく生きられず、いつかは頑張り疲れて壊れてしまう。そして、無理に頑張ろうとしているものはやりたいというよりは、やらなければいけないと自分が思い込んでしまっているものだ。だから無理に頑張ろうとしてしまったときには、僕は「自分にとって不自然なことをやろうとしているのではないか」と危機感を持つようにしている。

頑張ろうとも思わず、自然とやりたくなるときがある。もし人にやらなくていいよと止められたら嫌な気持ちになるような、そんな感じだ。自分の中で新しい感覚が生まれると、それまではやりたいと思わなかったものをやりたいと思うようになる。そのときに自分が何か変わったのだなとも思う。

僕は普段から複数のことを同時に進めている。

カウンセリングや講座は決まった時間にあるので別だが、他の事務的な仕事、原稿の執筆、身体的なトレーニングや、瞑想、読書、映画を観ること、散歩、絵を描くこと、料理など……いくつか決まってやることがあり、その都度やりたいことをやるようにしている。無理に執筆をしようとしたら何も思い浮かばないし、料理もしなければいけないと思ってすると気が乗らない。絵を描くことや、身体的なトレーニングはしたいと思ったときにやると短い時間で集中してできる。疲れたら、散歩がしたくなって散歩したり、その辺に飲みに行ったりする。そうやっていると、ふとしたときに原稿のアイデアが浮かんだり、カウンセリングや講座のやり方を見直したくなったりして、またそれにとりかかる。

そういった感じで、その都度やりたいことは変わっている。何がやりたいかはそのときにならないとわからない。「今何がしたい?」と自分に問いかけて、やりたいと思う感じを敏感に捉えて、すぐに行動に移すように心がけている。そうすると、一日が自然な流れで進んでいく。

また、それまでやりたいと思わなかったことが新たに思い浮かんだときは、すぐにとりかかってみるようにしている。

▼4　悩みを解決するために硬直した肉をほぐす

身体を動かすエクササイズは自分の中に芽生える感覚を待って捉えることを訓練するのに適している。悩んでいる心身の状態では、いくら考えてもなかなかアイデアが出ない。どう解決するかを考えるのではなく、状態を変えて良いアイデアが生まれるのを待つ方が早くアイデアが出る。このときに身体を動かすのはとても便利だ。なぜなら、**考えたりして気持ちを切り替えるのはなかなか難しいが、悩んでいるときの硬直した身体をほぐすことは簡単にできるからだ**。

身体を動かして筋肉をほぐしたり、考え込んでしまって雑になってしまっている体感覚を繊細にし直したりすることで、自分に新しい感覚が生まれる機会を与えられるようになる。

そういうときには、はじめはスワイショウをするのが適している。スワイショウをしながら、身体の固まっている部分を感じて、徐々に力が抜けていき、それに応じて気分も変わっていくのを味わう。

そうやって身体の固まった部分がほぐれていくと、何かを思い出したり、何かが思い浮かんだりする。そのときはそのまま考えずに、思い出すことや思い浮かぶことをそのまま観察してみると、何かアイデアや新しい発見に発展していく。そうやって身体を動かしながら、身体の状態や気分がどのように移り変わっていくかを丁寧に観察してみると、悩んでいる状態からアイデアが浮かぶ状態に変化していく。

このときには、より細かく感じようとすることが大切だ。細かく感じて自分の感覚などの変化を観察していると、自然と考え込んでいる状態から自分の内面を感じる状態に変わっていく。考え込んでいるときは肉が硬直している。思い浮かべているときはリラックスして肉がほぐれている。悩みを解決しようと意気込んでしまうと難しい。やりながら、その意気込み自体が自分の身体を固くしてしまっていることに気がつくことができれば、新たな変化が生まれやすくなる。

▼5　自分の中の曖昧な感覚に留まると気持ちが自覚できる

「なんだかもやもやする」

「いらいらする」

「胸がぎゅっとつまった感じがする」

など、気持ちを表現するときに使う言葉がある。「もやもや」も「いらいら」も、気持ちだけでなく、身体の感覚も含んだ表現である。「胸がぎゅっとつまった感じ」は、身体感覚をそのまま表現しながら、気持ちも表現している。


このように、自分の今の気持ちを身体感覚とともに表現することがある。そのような表現、たとえば「もやもや」の中にはさまざまな感覚や気持ち、記憶、物事に対する考えが詰まっている。「もやもや」と言っているときには、それがぎゅっと凝縮されていて、自分でもどんなものが含まれているかを認識しきれていないことが多い。曖昧だけれども、何かが詰まっているような感覚のある、そういう「もやもや」などのような身体感覚も含んだ気持ちの表現の中に留まることで、自分が今まで自覚していなかった自分の気持ちや感覚、気になっていたことに気がつくようになる。

〝もやもや〟だけでも気持ちの表現として成立はしている。しかし、その上で自分のその〝もやもや〟に意識を向けてみる。〝もやもや〟という言葉だけではなくて、身体の中で感じている、その〝もやもや〟した感じに丁寧に意識を向けてみる。

それはどんな気持ちなのか。喜びなのか、悲しみなのか、寂しさ、居心地の悪さ、不安なのか、自分にとって〝もやもや〟はどのような気持ちを表現しているのかを、細かい部分まで静かに時間をとって感じてみる。「なんだかもやもやして……」というときには、自分の気持ちをうまく表現しきれてはいない。それをよりうまく表現するために、〝もやもや〟に意識を向けて、どんな気持ちであるかを感じようとしてみる。このときに、考え込んでしまったらうまくいかない。考えるのではなく、〝もやもや〟を感じてじっとしながら、自分の中にどのような感覚や記憶が浮かび上がってくるかを待ってみる。

浮かび上がる気持ちは、思いもよらなかったものかもしれないし、一見なんの脈絡もないと思われるような記憶がふと思い出されるかもしれない。そういった予期しない、生まれてくるものを、きっと何か脈絡や意味があるのかもしれないと思って大切にしてみると、自分の中で今感じている〝もやもや〟とのつながりが見出されてくる。

たとえば、その〝もやもや〟をじっと感じたときに、自分が別の場面で〝もやもや〟を感じていたときのことを思い出したり、その中にある微妙な寂しさ、不満感、他人に何かを伝えたい感じが感じられたりするかもしれない。

そうやって身体感覚を含んだ気持ちにじっと意識を向けてみることが、自分のことをより繊細に観察するための入り口になる。すぐに解決しようとしたり、焦ったりすると、考えてしまうのでなかなかうまくいかない。ただ、〝もやもや〟や〝いらいら〟、〝胸の詰まった感じ〟など、感じられているものに自ら静かに寄り添うような感じで、落ち着いて味わってみると自分自身に対する新しい発見ができる。

▼6　葛藤に留まる

講座の中で、それまで人間関係を避けて生きていたというクライアントがスワイショウや雲手などのエクササイズをしながら「**実体感がある**」と言った。

講座がスタートしてしばらくして彼に集中を促すと、目がぼんやりとして、目に映っているものを認識していない状態になっている。だから、目に何が映っているのかを集中した状態で常に感じるように伝えた。

それまでの彼の集中とは、周りを避けるために自分の中に入り込むことだったのかもしれない。「集中してください」と言うと、そのような状態になる人は実際に多い。それでは、彼の苦手な「他人」というものを見て見ぬフリをして避けることになる。苦手な他人を避けて、自分に集中すると、その周囲を見ていない状態に留まるために、現状の自分を肯定する言い訳をどんどん探してしまう。

誰でも、苦手な人が近くにいるときに、その人をいないことにして過ごすということがある。他の人とは話すけれど、その苦手な人とは話さないとか。そういうときは相手の顔が見られなくなる。そうなってしまうと疲れる。自分でも相手をいないことにしてしまっていることが当然分かっているし、いないことにするためにエネルギーを割かなければいけないから、余計に疲れる。かといって、その苦手な相手ときちんと向き合って話をすることも難しい。

そうやって、誰でも苦手な人と向き合うことを避けることがあるが、それも自分の中に入り込んでしまっている一例である。

自分の苦手な人、避けている人と向き合って、葛藤を感じたときに、自分自身を誠実に感じることができ、新しい感覚を得ることができる。苦手な人を前に、自分が葛藤していることに気がついたとき、苦手な相手を避けるために自分が都合よく思い込もうとしたものには逃げこめず、目の前にいる人に反応せざるを得ない、リアルな感触がある。「あぁ自分はこの人が苦手だなぁ」というような誠実な自己認識がある。それをクライアントは「実体感がある」と言ったのかもしれない。

とはいえ、苦手な人を前にして、無視せずに向き合うことは難しい。その場では向き合えなくても構わない。その相手が近くにいたときのことを思い出すだけでも、その嫌だった感覚は十分に蘇ってきて、葛藤を味わうことはできる。その思い出したときの感覚を味わいながら、イメージの中で相手と向き合って葛藤するだけでも十分に自分の中の変化を生み出せる。その葛藤、嫌な感じに留まって、自分がどんな気持ちを味わい、どんなことを思っているのかを丁寧に感じてみる。そうすると、相手に対して思っていることや、感じている気持ちがより強く味わえるようになる。そこで味わうのは、自分の臆病さ、傷つくことへの恐怖心、強い警戒心、自信のなさかもしれない。苦手なのは、その相手というよりも、その相手と向き合ったときに自分の中で生まれる感覚だ。

「きっとあの人は自分のことをこう思っている」

とか、

「あの人はこういう人だ」

という思い込みが、自分を苦しくさせている。葛藤することで、そういう自分の思い込みが次第に露わになってくる。

思い込みは思い込みではなく事実かもしれないし、実際にただの思い込みかもしれない。それは分からないが、「相手がこうだ」というよりも、自分が「こう思い込んでしまっているのだな」ということを見つめることで、自分の見たくなかった自分が見えてきて、それを誠実に認めたとき、苦手な人を受け容れることができるようになる。


僕がナンパを始めたのは、そういう苦手な人たちに対する自分の抵抗をどうにかするためだった。

僕は、騒いでいるノリの良い人たちが苦手だった。彼らを見ると馬鹿だと思いつつも、自分が彼らのようにできないことに自己嫌悪と寂しさの混ざった苦しさを感じていた。

街や人の集まる場所に行けば、そのような人たちに出会う。僕は彼らの輪の中には入れない。だから、無謀にも彼らの輪の中にいる女の子を口説くことにした。女の子を口説いて、僕を好きにさせる。そうすれば、輪の中に入れない自分のそういう苦しさから逃れられるのではないかと思っていた。

実際はそうではなかった。

女の子と接して、彼女たちの話を聞いていると、彼女たちも僕と同じような悩みを持っていて、僕のことを邪険に扱うどころか、思いやりをもって、僕を理解しようともしてくれる。

そういう体験の積み重ねの中で、僕の彼らに対する葛藤が徐々に昇華されていった。彼らも彼らで悩みを持っていて、僕と同じように人付き合いに関する不器用さに悩んでもいた。彼らは騒ぐことで不器用さを隠そうとしているように感じられた。一方、僕自身は他人から距離を置くことによって、不器用さに触れられないようにしていたのだった。そう思ったときに、彼らと仲良くしたいという気持ちが生まれた。結局今でも騒いでいる、ノリの良い人たちの中にいることはそんなに得意ではないが、以前のような苦しさは感じない。

もし女の子たちと出会わずに、彼らのことを偏った思い込みだけで見ていたら、思い込みに捕われながら彼らに攻撃的な眼差しを向け続けていただろうと思う。

苦手な相手に対する葛藤の中には、自分の思い込みがあり、また相手に対して知らないことが眠っている。思い込みを認め、相手を知ろうとすることで、その葛藤が自分を進ませてくれる大切なきっかけになる。

▼7　空間と他人を認識する

悩んでいるとき、無理をしているときは物にぶつかったり、躓いたりし易い。また人にもぶつかりやすく、酷いときはぶつかったことに気がつかない。声が極端に大きくなったり、小さくなったりもする。

　電車などでもリュックサックを背負って当たってくる人や、喫茶店で場に合わない大声で話したりする人がいる。世の中で見られる傍若無人と思われるような振る舞いがそれである。彼らは失礼なことをわざとやっているわけではない。自分のことでいっぱいいっぱいになってしまって、周囲を感じることができなくなっているのだ。当人がそのことに気づくことは難しい。だから、同じようなことを知らないうちに自分もやっている可能性は大いにある。

　何かに必死になり過ぎていたり、気分が落ち込んでいて人の顔を見るのが少し怖くなっているようなときに、空間と他人を認識できていない状態になる。そうなってしまったときには、自分の感覚や感情も感じ難くなる。そのとき、少しずつ空間と他人を認識するようにすると、徐々に自分の感覚や感情も感じられるようになる。

　悩んでいたり、何かがうまくいかないなと思っているとき、身体を動かしながら、周りを感じることに意識が向けられているだろうかと観察してみると、うまくいかなかったり、考え込んで悩んでしまう状態を良くするきっかけになる。目に映っているものを認識できているだろうか、身体の後ろにあるもの、横にあるものを感じられているだろうか。足元、頭の上にあるものを認識できているだろうか。
　特に**目は、瞼を開けているからといって、目に映っているものを認識しているとは限らない。**

自分の考えに没入しているときは、瞼を開けていても見えていない。その状態になっていないか自分で確認をしてみる。

認識している空間の範囲もより広く感じられるようにしてみる。外にいるときなら、半径三メートルくらいから、五メートル、一〇メートル、前方だけでなく、後方にも広げていって、より広く周りを丁寧に認識していくイメージを持ってみると、苦しく自分に閉じ籠っているところから開いていく感じが味わえる。

また、他人と話しているときには、自分が相手に出している声は相手にとって大き過ぎないか、小さ過ぎないかと感じてみると、今自分がどれだけ相手を認識できているかがわかる。特に対人関係の仕事を一生懸命にやっている人は、少し興奮状態になって声が大きくなりがちだ。

そうやって、自分の空間や他人に対する認識を見直してみると、考え込んだり、悩んだりしている状態から、丁寧に、落ち着いて、自分の感覚や感情を観察できる状態になることができる。

▼8　感情を自覚する

日頃嫌なことが多く、ストレスを感じて過ごしていると、自分を守るために感情を自覚しないようになってしまう。感情を自覚しないと、身体感覚や自分が今思っていることを感じることも鈍っていき、自分自身を観察することよりも、頭を使って考えてばかりいるようになる。


「今どんな気持ちですか？　楽しいとか、つまらないとか」

「別に、普通です」

今の感情を他人に聞いてみるとそんな答えが返ってくることが多い。僕自身もなんとなく過ごしているときに「今どんな気持ち？」と聞かれたら、「えっ!?」と少し虚を突かれたような感じがする。もしとても楽しみにしていたものを楽しんでいるときなら「楽しいよ」と即答できるだろう。またつまらないとか、腹が立つと思っているときでも即答できる。このように、強い刺激を受けていたり、期待していたものが得られなかったりして、不満を強く感じているときなら簡単だ。

だけど、自分にとって当たり前のことをしているときにはどうだろうか。

いつも通りの仕事をしているとき、通勤通学で外を歩いているとき、ぼーっとして何も考えていないとき、そのときにどんな気持ちであるかを感じたりはしないかもしれない。もしそのときに感じることを難しいと思ったなら、感情の感じ方が少し粗くなっているかもしれない。

スワイショウなどをして、**身体を動かしながら今の自分の気分を感じてみるとわかりやすい。10が最高で、1が最低だとしたら、どれくらいだろうか。**

こうやって細かく数字にしてみると、自分の気分の微妙な違いにも気づくようになる。疲れていたり、ストレスが溜まって鈍くなっているときに、こうして感情を自覚すると、「今、こんな気持ちだったんだ」とふと霧が晴れたようになり、少し明晰さを取り戻すこともある。慣れてきたら、0・1単位で捉えてみると、より細かく自分の感情が自覚できるようになる。

また、エクササイズのときに、自分の気分がどのように揺れ動いているかを感じてみると、自分の身体の感覚、動きに対する感じ方もより繊細になる。面白いとか、つまらないとか、大雑把なものではなく、先の数字で表しながら、自分の感覚を繊細に、丁寧に見ていく。

これは日常生活でもまた同じことである。感情を丁寧に自覚することによって、動きも丁寧になったり、何かを見たとき、それが特別なもの、派手なものでなくても、自分なりの関心を向けられるようになる。細かく感情を自覚していくと、好きだと思わなかったものを意外と気に入っていたり、何も思わずに毎日していたことが意外と嫌いだったりすることを自覚するかもしれない。

▼9　イメージはしない

動くときには動きをイメージすることよりも、自分の動きを正確に把握しようとすることの方が大事だ。

イメージして動いてしまうと、結局自分がイメージした範囲の中で動こうとしたり、現実の動きではなく、自分のイメージの通りに動いていると思い込んでしまったりする。実際の動きがイメージ通りであることは稀である。

実際の動きを把握せずに、ただ思い込みで動き続けてしまうと、何をどう改善したら良いかが分からず、なんとなくエクササイズを続けてしまう。

自分のイメージと現実の違いを把握したときに、僕は愕然とした。それはデッサンをしたときだった。友人に勧められて、自分の手のデッサンをやり始めた。僕は絵を描いたことはほとんどない。ほぼ初体験のデッサンだったが、描いていると頭の中が痒くなるような、わー！　と叫びたくなるような、パニックのような状態になった。目の前にあるものを認識する情報処理能力が追いついていないのを感じた。目の前にある自分の手はかなりの情報量を持っているというのに、僕の目はそれを正確に捉えきれないということにもどかしさを感じた。結局、描いたものは目の前にあるものとは似ても似つかぬものだった。

そのときに気がついた。僕は描こうとしていた自分の手を手そのものとして認識していない。手がそこにあることを当たり前のこととして思い、その手をちゃんと見たことはなかったのだと。その代わりに拙い記号として、手を認識していた。それから毎日、手を見続けた。自分の認識の甘さを自覚し、三〇年間使い続けてきた視覚を鍛え直し始めた。それが写真にある通りである。

このとき、僕は描くことを練習していない。描かずに暇な時間さえあれば、手を見続けた。「こんなところに皺があるんだ」とか「こんな風に色のグラデーションがあるんだ」とか、そんなことを見ていた。始めは皺を追うだけでも疲れて頭がおかしくなりそうだったが、次第に慣れてきた。色のグラデーションについても、どちらが薄く、どちらが濃いのかもはっきりと判断できないことが多かった。


こうやって目の前にあるものを正確に認識しようとして見ていると、自分の動きに対する認識の仕方も変わっていった。もっと集中して、自分の現実の姿を見ることができるはずだと思った。なんとなく動いて、なんとなく改善したつもりにならず、手を見ていたときの集中力をもって、自分の動きを観察するようになった。たとえばスワイショウのときに、手はどれくらいまで上がっているかとか、どういう軌道を指先は描いているかとか。**デッサンは**

「手」①：初日

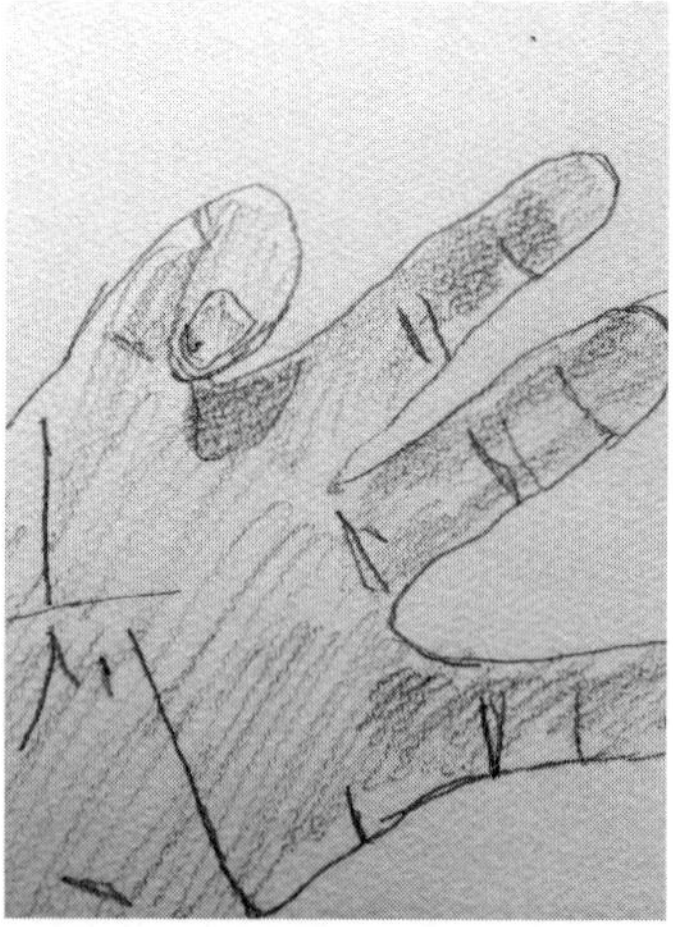

「手」②：2日目

僕に絵を描くことというよりも、認識することにおける集中力を教えてくれた。

自分の認識したものを疑わないことで、人は自分自身の中に閉じ籠ってしまう。自分に都合の良い見方で目の前を見た気になってしまいがちだ。そうなると、現実から離れて空想の世界に入ってしまう。

うまくいっていると思っているうちはそれでも良いが、悩みを解決したかったり、感覚を磨きたいと思ったりしたときには、一度自分がどれだけ目の前にあるものを認識できているかを確かめてみると発見がある。

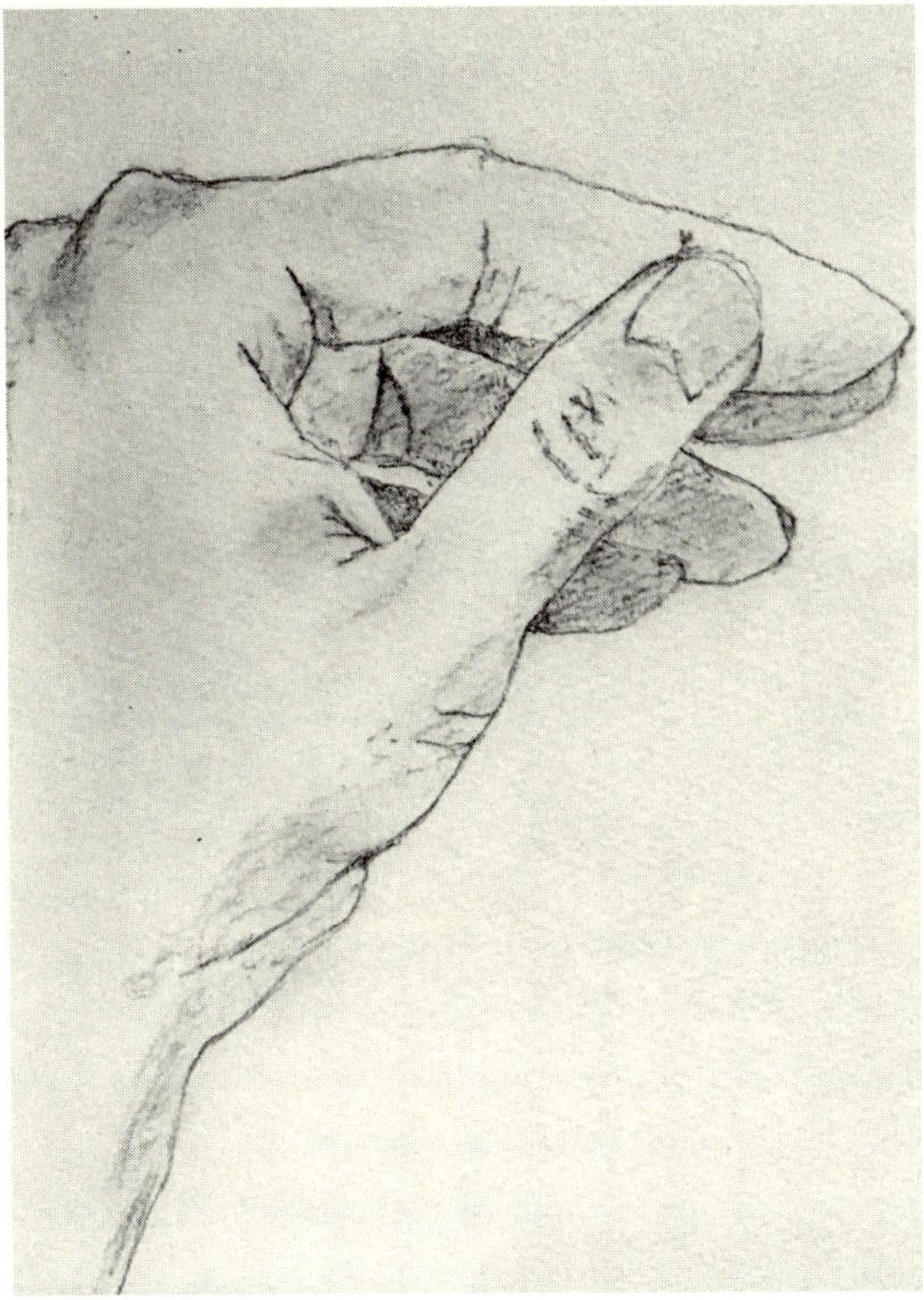

「手」③：7日目

▼10　感覚・感情の解体と再構築

観察……観察……観察……と、この章ではとにかく観察のことを書き続けてきた。悩みを解決したり、自分を変える方法について書いているが、「目標をイメージする」とか、「失敗しても死ぬわけではないと思ってやれ」とか、そんなことは書いていない。なぜなら、そういったポジティブな感覚は、自分自身を観察しさえすれば自ずと現れるもので、反対に、意識してやろうとしてもやれないものだからだ。

誰でも、ハッと何かに気づいたとき、取り掛かれなかったことに取り掛かれるようになったことがあると思う。勇気を出すか出さないかではなく、何かが欠けているから、取り掛かろうとは思えないだけなのだ。その欠けていることを無視して、勇気を出してやろうとすれば、無理をして、緊張してしまう。

もちろん、そうやって勇気を出すことが悪いというわけではない。それができるのなら、そうしたっていいだろう。だけど、勇気を出すか出さないか、やるかやらないかで躊躇し続けているのなら、自分を観察できている状態にする方がすんなりと進めるようになる。

なぜなら、勇気を出そう、やろう、頑張ろうとしているときには、身体が緊張して踏み出せなくなっているからだ。もちろん、その緊張を無理して破ってでも行動すれば、緊張はその行動の中でなくなっていくこともある。しかし、それは、よほど特別なもの、どうしてもやりたいことでなければ、なかなかやろうとしてできるものではない。

考え込んで緊張している状態から、自分が感じられていないものを感じようとすると自然と緊張が解れて、やりたいと思ったり、別のやり方をしようというアイデアも生まれたりする。

ナンパ講習をしていたときによく相談された悩みが「声がかけられない」だ。

たいていの場合、そういう悩みを言ってくる人は、声をかける準備が本人の中でできていない。「なんでかけられないのか」と聞いていくと、自分の服装に満足していなかったり、自分の仕事に自信を持てていなかったりすることが理由になっている。そういう人はそれでも無理をして声をかければ、きっと自分が変わると思っている。

しかし、冷静に考えれば、無理にナンパをするよりも、服装を満足のいくものにしたり、仕事を自分で納得がいくくらいまでやってみたりした方が、いつまでも「声がかけられない」という悩みを抱え続けながら、何もしないよりも良いのではないだろうか。

踏み出せないのは、自分の本心に「まだ踏み出すには足りていない」と言われているようなものだ。

そういうときは自分にこう問いかけてみると答えが出るかもしれない。「**あと最低限何があれば、自分は踏み出すことができるだろうか**」と。

▼11　感じ方が変わったことを確認してみる

自分の状態が少し変わったかなと思ったときに、自分が悩んでいたことや、苦手だと思っていた人に意識を向けてみて、感じ方の変化を自分で感じてみると変化が自分で確認できる。無理して良く思おうとする必要はない。改めて、自分がそれをどう感じるかを自分で試してみるだけだ。そのときに意識的に何かをする必要はない。なんとなく嫌な感じが少なくなったり、あまり気にならなくなったという程度でも十分だ。そうやって、**感じ方が変わったことを少しでも認識することが、自分の変化を作り出すための重要な一歩になる。**

なかなか変わらないなと思っている人ほど、自分の変化を認めようとしない。大きく変わらないと変化とは認めないことが多い。

「自分は小さい部分でも良いから変わったことはないだろうか」

と自分に問いかけてみると何か発見があるかもしれない。そもそも毎日変わらないことの方がありえないことだ。それくらいに小さいもので構わない。「自分は少しずつ変わり続けている」と感じられるだけでも、もっと変わりたいという気持ちが生まれる。

たとえば、感じ方が変わったとき、取り組むべき物事に対して悩んでいる場合は、そのことを冷静に見られたり、今までとは別のアイデアが湧いてきたりする。他人に対して悩んでいる場合は、その人のことを感情的にならずに少し冷静に考えられるようになったりする。

他人に対しての悩みの多くは、その人に対する理解のなさが原因になっている。相手がどんなに嫌なことをしてきたとしても、その嫌なことを相手がしている理由を理解していけば自然と許せるようになる。もちろん、無理して許す必要はない。反対に、理解ができると、以前と同じように相手を嫌ったり、恨んだりすることができなくなる。それどころか、嫌だと思っていた行動に対して可愛らしささえ感じることもある。

このとき、物事に対しても、他人に対しても、完全な悩みの解消を望まず、それらに対する自分の感じ方がどのように変わっているか、丁寧に観察してみることが大事だ。「別にそんなに変わっていないだろう」と思って感じれば、感じ方は粗くなるが、「少しでもいいから、どんな風に良くなっているかな」と思えば感じ方は細かくなり、洞察も冷静に、細かくなっている。

クライアントや自分自身のことを見ていても、一気に悩みが解決されるというよりも、自分の感覚の変化によって徐々に悩みが悩みではなくなっていく、というような進み方が人の成長する自然な姿であるように思う。

▼12 与えられることによって停滞することもある

世の中はアドバイスを受けたい人々、アドバイスをしたい人々で溢れている。誰かの言う通りにやってうまくいったら楽だし、自分の言う通りに誰かがやってうまくいったら自分の考えの正しさが証明されて心地よい。どちらにとってもメリットがあるからそれでも良いと思う人もいるかもしれない。

しかし、アドバイスは新しい感覚を自ら芽生えさせるのを阻害することもある。反対に、自分で漸く出した答えは積極的に試してみたくなる。

「うまくいくかわからないけど、自分の考えたやり方でやってみよう」

と思うとき、期待と不安の引っ張り合いの葛藤の中で人は行動をする。その葛藤は、自ら進む強さを自分自身に感じさせ、失敗したときにはもう一度やってみようと思わせ、成功したときにはまた先に進もうと思わせてくれる。

しかし、他人に言われた通りにやってみるとき、うまくいったとしても、自分で出した答えを信じて行動をとってみる葛藤を味わえない。うまくいかなかったときはアドバイスをした相手のせいにしてしまうこともある。自分の出した答えを試したわけではないから、失敗を糧にまた別のやり方を試そうとはなかなか思えない。自分で試行錯誤をし、自分自身の感覚と自分の出した答えを信じる感覚が育っていく芽をアドバイスは摘んでしまう。

過保護な親子関係はまさにそれそのものだ。

「私の言った通りにやりなさい」

「そんなことして大丈夫？」

と言われて、それを忠実に行う。うまくいかなかったら、

「本当に言った通りにやったの？」

と責められる。うまくいけば、

「ちゃんとやって偉かったね」

と褒められ、

「今度はこうしなさい」

とまた指示を受ける。

しかし、大人になっていったとき、急に、

「自分で考えなさい」

と言われ、

「あなたはまだ自分で考えることもできないの？」

と、自分で考える感性が育つ芽を摘んだ張本人に言われることになる。自分で考えることができないから、また誰かのアドバイスを必要としてしまい、なかなかこのループから抜け出すことができない。

そのループにはまった人たちの多くは、自分の感情や感覚を観察できなくなってしまっている。彼らは実際には感じているのかもしれない。だけど、自分で感じたことに確信を持つことができなくなっているのかもしれない。

彼らは自分の内面を観察するメリットを知らない。内面に自分を活かす答えが眠っているのに、他人からのアドバイスを求める。他人から与えられたアドバイスでしか、自分の悩みは解決できない、正しい行動は見つからないと思っているからだ。

ナンパ講習をしていたとき、クライアントにはそうした人が多くいた。

そういう人は高額な講習を受けたり、高額な情報商材を買ったりしている。彼らは言われた通りにしてもうまくいかず、また言われたことを実行できなかったりしていた。

他人との対話には臨機応変さが必要になる。教えてもらった方法を、その意味を消化せずにそのまま行っていては、異性には不自然に滑稽に見える。またアドバイスをもらうことしか考えていないので、自分自身の客観的な姿を自分で見直したりすることができない。おかしな服装、清潔感のない雰囲気のまま、必死に言われた通りにやっている人もいた。同じやり方で何度も声をかけるよりも、身嗜みを整えた方が効果が出るのにそれに気がつかない。

そういう人たちは自分自身の感情や身体感覚の観察力が落ちている。**観察力が落ちていると、自らの問題点を見つけて、それを改善するという学習がしづらい。**

しかし、これはいきなりできるようになるものではない。じっくりと訓練することが必要だ。だから、アドバイスを求める人に、「人に聞かずに自分で考えろ」というのは、さらに彼らの自信を失わせる残酷な仕打ちだ。かといって、直接的にアドバイスをするのもまた彼らを停滞させることになる。

「自分ではどうすれば良いと思っていますか？」とか、

「今の自分の格好や雰囲気、声のかけ方を女性はどう思うと思いますか？」

と聞いたり、彼らが避けていることをやらざるを得ない環境を作ったりして、自分で考えて行動したり、どうせ無理だろうと思ってしていないことをしてもらったりして、少しずつ自分を見つめてもらえるように促していた。

互いに辛抱が必要になるが、徐々に自分の感情や感覚を感じられるようになってもらうことで、次第に変わっていくことができる。

自分の感情や感覚を自覚しながら、自分で発想して、試して、その成功、失敗に一喜一憂する中で、自分で考えるための感覚は育まれていく。そのことを実感したときに、人は他人にアドバイスを求めずとも、自分で進めるようになっていく。

また、そうやって自ら答えを見つける感覚を育む経験を積んだとき、その人もまた他人に無闇矢鱈にアドバイスをせず、他人の感覚が育まれるのを待てる人間になる。

第6章

トランスを「生きるための技術」として考える

長いこだまが遠くから響きかわして
闇のように光のように広大無辺の、
暗い奥深い一体のうちに溶け合うのに似て、
香りと、色と音とが互いに答え合っている。

ボードレール『悪の華』

▼1　意識は内側に向いているか、外側に向いているか、それとも両方に向いているか

トランスとは、意識が内側、外側の両方に向いている状態である。

自分の気持ちや体感覚を感じながら、目の前の相手のことを認識したとき、人は同調する。そうすると、自分の内面の感覚が同調した相手に応じて変化する状態になる。そのとき、相手に対するさまざまな感情、感覚、イメージが湧いてきて、それらに導かれるように対話をすることができる。

同調の章で示した通り、目を閉じて自分の内面の感覚を感じて、内面に集中できたらその状態のまま目を開けて他人を見てみると、その他人に応じて自分の感覚が変わる。このときに、ただ見るだけの状態になってしまい、自分の内側に対する意識が途切れると、同調が切れて相手を感じられなくなる。また、自分の内側に対する意識だけになり、自分の気持ちや身体感覚だけを感じていると、相手に意識が向いていない状態になってしまう。

たとえば、音楽を聴きながら、いろいろなことを思い出したり、気持ちを感じたりしているときにもトランスに入っている。音という外側のものを認識しながら、自分の内側を感じ

ている状態だ。しかし、思い出していることに意識が集中して、聴こえている音を認識していなくなると、ただ内側に意識が向いた状態になり、トランスではなくなっている。

味覚や臭覚でも同じようなことが起こっている。食べているときや、匂いを嗅いだときに何かを思い出したり、アイデアが浮かんだりすることは多い。そのときにトランスに入る。そのまま思い浮かんだことに没入していくと、外側に対する意識が途切れてトランスではなくなる。

何かに触れたときも同じようにトランスに入ることができる。物や他人に触れたときや、触れられたときにも、ふと記憶が蘇るときがある。あるいは、人に触れたときには、見るとき以上に同調が起こる人もいる。そのときに、相手の気持ちが自分の内面で感じられる。このときも、触れた感触を味わうことをやめてしまうと、自分の内面だけに意識が向いた状態になってしまい、トランスではなくなり、同調もなくなってしまい、相手のことを自分勝手に思い込んでしまう。

そうやって、**意識は外側に向いたり、内側に向いたりしている。トランス状態とは内側と外側に同時に意識が向いている状態である。**

本書で紹介しているエクササイズはすべてこの状態に入るための方法である。たとえば、鏡の雲手をしているとき、動きを合わせることに必死になって相手にだけ意識が向いていると、なかなか合わない。自分の内側に意識を集中させながら、相手を見ていると、意識をせずとも自然と動きが合ってくる。しかしまた、内側にだけ意識を集中し過ぎてしまうと、知らない間に相手と動きがズレてしまう。

このような、見ているつもりだったのに、内側に意識を集中し過ぎて見ることができていないことに気がついたとき、人はハッとする。人と話しているときでも、話しているつもりが自分の思い出したことに没頭してしまって、ぼんやりしたまましばらく時間が経っていたというようなことは誰にでもあるだろう。このときには、相手との同調が切れてしまっている。

この章では、トランスに入ることについて書いていく。トランスに入れないとき、そのときに応じて感じていない部分がある。それは外側に対する意識であったり、内側に対する意識であったりする。また、感情であったり、身体感覚であったりもする。そうやって感じていない部分に気づいて感じてみることで、いつでもトランスに入ることができるようになる。

（内側だけに深く意識が向いた状態も、トランスと呼ばれるが、この本で伝えたいコミュニケーションのためのトランスとは違うので、この本でトランスというときは、この外側と内側の両方に意識が向いた状態としておく）

▼2　話を聞くこと

相手に気に入られようと必死になっているとき、相手の顔をじっと見つめてしまうことがある。不安なまま、相手がどんな表情をしているかばかり気にしてしまう。その反応に一喜一憂しているばかりで、他の部分はまったく見えていなかったり、相手の話をきちんと聞けていなかったりする。

話を聞くとき、相手の言葉、話し方を見聞きしながら、自分の感情や感覚がどう動くかを観察することで、その話に込められた感覚や感情、イメージを捉えることができる。美味しい食事をした話を聞いているときには、その食事の様子が、相手の言葉によって想起されていくように聞くことである。「焼肉を食べたんだけど」と言われたときに、肉を味わう感覚が想起されて唾液が出たり、嬉しそうな声のトーンから楽しんで食べた様子が感じられたりするというような感じである。

トランスに入っていると、そうやって、相手の話を聞きながら感情や感覚、イメージが想起されていく。もし相手に嫌われないように気をつけようとしながら聞いていたら、それらが想起されている暇はなく、相槌の打ち方もどこか空々しく、返答も話の内容から逸れたものになってしまい、結果的に相手に話していて面白くないと感じさせてしまったり、聞いてくれていないと思わせてしまったりする。

しかし、自分の内側に入り過ぎてしまっていると、思い込みで相手に嫌な思いをさせてしまう。たとえば、他人の話を聞きながら、「自分だったらこうするのにな」と思い、すぐに他人にアドバイスをしてしまったときは、自分の内側に入り過ぎている。話の内容に応じて「この人はこういうことを思ったのだな」、あるいは「この人はこういうことが苦手なんだな」などと感じられているときには、自分の内側に入り過ぎていることはない。「自分だったらこうする」と思い浮かんだことを「こうした方が良い」と伝えてしまったときには、内側に入り過ぎていて、自分と相手の区別がついていない。言われた相手もその意見に反発を覚える可能性が高いだろう。

そのときにはもう自分の考えで頭がいっぱいで、目の前の相手は見えていない。ある時点から話している他人を無視してしまっている。話し手はそういう自分の姿や受け答えから、話を聞いてくれていないと思うだろう。

トランスに入っていると、相手の話を聞きながら受け取った一つ一つのイメージを頼りに自分の中で映画が展開されるような感じになる。そうしていると、その人が主観的に体験した豊かな物語が感じられてきて、相手の話を感情と身体感覚を伴って受け取ることができる。

▼3　知らないうちに自分に対する観察を失うように誘導されている

周囲にあるものによって、知らず知らず自分に対する観察を失うように誘導されている。また、普段の他人との関わり方や習慣的な反応によっても、自分に対する観察を失ってしまっていることは多い。

自分に対する観察を失ってしまっているとき、人は自分がどのような気持ちでいるのか、どのようなことを考え、どのような行動をとっていて、それが周りからどのように見えるのかを捉えられなくなっている。このとき、周りからの誘導の通りに知らないうちに動かされていたり、自分がそうありたいとは望んでいない醜態を晒していたりする。

ネットを見ていると、「～するために必要な五つのこと」「～な人は知っている三つの秘密」というような、興味をかきたてるタイトルの記事が並んでいる。タイトルが目に入るまでは別に知りたいとも思っていなかったのに、なんだか気になってその記事を読んでしまう。

電車の中にも、視線を誘導する多数の仕掛けが埋め込まれている。中吊り広告は扇情的な見出しで見るものをたきつける。乗車口の上にあるモニターからくり返し流れる映像は、意図せずそれらを眺める乗客にとめどなく情報を紹介し続け、見るものは気がついたらぼんやりとそれを見ている自分を発見する。あるいは、それを見ていることを自覚しないくらいに、無意識に見続けていることもあるかもしれない。

また、ネットや電車の広告のように、誰かが意図的に仕掛けたものでなくとも、友人と愚痴や他人の悪口を言い合っているときには、その話に出てくる他人のことに意識が向いていく。人を悪く言うとき、そこでは安易な自己肯定のために他人を使うという快楽に身を委ねてしまっている。安易な快楽が得られる一方で、そのときの意識は、愚痴や悪口を言っている自分の状態に向いておらず、結果として自分をより良く改善するような内省は訪れない。

それらが何か無益なものであるとか、道徳的に間違っているということではない。**しかし、それらは確実に自分を観察する時間を奪う。**

他者によってかきたてられた興味にしたがって、読むことに必死になることは、外側から自分がどう見えるかを捉えようとする冷静さを失わせてしまう。そして、自分はどのような気持ちでいるか、どのようなことを求めているかというような、自分の内面を感じる機会を奪い、外側にあるものばかりに意識を向けさせる。

気持ちの発散のためにくり返される愚痴や悪口は、他人に評価を下したいとか、他人よりも自分が優れていることを確認したいとか、そういった他人との比較にばかり意識を向けさせる。

そうしているときにも有益なことは幾分かあるかもしれない。しかし、その一方で、そのような時間が一日のうちに長くあればあるほど、自分の感情や感覚を味わうことが疎かになる。

けれども、豊かな自然を求めて旅行に行ったり、のんびり温泉に行ったりしたときには誰でも穏やかに自分の気持ちを感じたり、自分の姿を省みたりすることができる。環境がそうさせてくれる。

旅行に行ったりしなくても、そのような時間を自分で作ることはできる。

たとえば、なんとなくネットを見る代わりに、読みたい本を読むだけでも随分と違う。そのためには習慣的な行動になっているネットサーフィンに優るほど関心の持てる本が必要だ。自分が読みたい本を求め探すという中では、自分が一体どんなことに興味があるのかと、自分自身に問いかけ、自分自身を観察する時間が自然と作られる。

電車に乗ったときには、窓の外を流れる景色をぼんやり眺めて、思い起こされることを感じてみたり、自分が普段出会わないような人の様子を観察してみて、他人の生活を想像してみるのも面白い。そうすると、自分との違いから、自分自身の生活を省みることができる。このとき、広告のために周りから誘導されているときとは違う。他人が意図したような感じ方を強いられるわけではない。ただ、何かを見たことによって、自分がどのようなことを感じるのかを観察してみる感じだ。

満員電車の中では、人に押されている感覚を拒絶しないで味わってみて、自分の中でどのように緊張が発生しているか、呼吸を止めないようにして観察してみたりするのも良い。そうすると、満員電車のストレスを利用しながら、自分が緊張したときの身体の状態を見つめられる。

また、ストレスがかかると、自分の他人への態度が炙り出される。満員電車の中で、他人を拒絶しながら不機嫌な顔をして、他人への敵意を極端に表現する人もいれば、他人を無視してスマホをいじり続けて、そこにいるという現実から逃避しようとする人もいる。このようにストレスがかかることによって、その人の他人への態度が強調されて表れる。自分はどのような態度をとってしまっているのだろうかと観察してみると、自覚していなかった自分の態度を見つけることができる。

また、そのように、ストレス下でも自分を観察できるようになると、普段の人付き合いの中でも、より余裕をもって他人と接することができるようにもなる。満員電車を「ただ我慢しなければいけないもの」と捉えれば、やり過ごさなければいけない苦痛でしかない。「自分を観察する特殊な訓練の場」として捉えると、自分自身の感覚や感情を殺さず、観察しながら有益に過ごすことができる。これをくり返していると、満員電車の中での自分の反応が少しずつ変わっていくことを発見できる。

友人に愚痴を言うときにも、ただ愚痴を言うのではなく「周りや相手が悪く、自分は正しいと思っているが、もしかしたら見落としていて、気づいていないことがあるのではないか」という視点を頭の片隅に置いているだけで、話しながら少し自分のことを冷静に見つめられ、ただ嫌なことを言い切ってすっきりしたいという欲求を叶えるだけのものではなくなる。

そのときには、指摘されなくとも、相手の反応から、自分が偏った考え方をしていたり、自分勝手に思い込んでしまっていたりする部分を発見できるかもしれない。そうすると、愚痴を言うことも、安易な自己肯定ではなくなる。

環境をすぐに変えることはなかなか難しい。それができないことの方が多いかもしれない。しかし、知らないうちに意識が外にばかり向いてしまったり、安易に自己肯定をしてしまったりしているものだと捉えて、普段の自分の生活を見つめてみると、自分が自分の観察を失っている機会を見つけられる。そして、そのときに観察をしてみようとすると、より自分の感情や感覚を感じる機会を作る工夫がたくさん思いつく。

▼4　内側に意識を向けて現実逃避をする

現実逃避のために内側に意識を向けることもある。

その場にいるのが嫌なときや、「なんで自分はこんなところにいるのだろう……」とふと思うとき、ぼんやりとしてしまい、内側に意識が向いていることがある。苛められたり、虐待を受けたり、辛いことがあるときにもそうなる。目の前の現実を見ずに空想に逃避することで自分の身を守るためだ。そういった経験をしたことのある人は、内側に意識が向きやすい。

付き合っていた人が風俗で働いていたとき、彼女が他の男性に接客をしていることがどうしても気になってしまい、仕事のときにどんなことを考えているのかを恐る恐る聞いたことがあった。そのときに、彼女は男性の性器を舐めているときに、その日のごはんの献立を考えていると言っていた。

「触られてるときは、目を閉じて別のことを考えて、声を出してれば、お客さんは感じてるって思って興奮するんだから楽だよ」

仕事中はそうやって目の前の現実を無視するために、別のことを考えながら過ごしていると言う。僕に気を遣ってそう答えた部分もあるのかもしれないが、一日の時間の多くをそのような現実逃避をしながら過ごしていることを思うと心配になった。確かに内側に意識を向けて現実を無視しているから楽といえば楽かもしれない。しかし、苛めや虐待を受けているときに目の前で起こっていることを無視して無感覚になることの悲しさを僕は知っているだけに、彼女も仕事中は良い気分ではないだろうと思った。

僕自身も幼い頃から、嫌いな人たちとの食事のときにはいつもこのような状態になっていた。頭の中で好きなアニメのことを思い出したりしながら、周りの会話が聞こえないように空想に没入していた。目は虚ろになり外に映っているものを認識せず、食べているものの味も感じていなかった。酷いときは身体の感覚も麻痺してしまい、麻酔がかけられたようになっていた。

これは外側に対する意識がなくなり、ただ空想だけがあるという状態である。嫌なことを前にすると反射的にその状態になってしまっていた。そして、それが慢性化し、少しでも嫌なことがあると、いつでもそのような状態になってしまうようになっていた。

特にこのように現実逃避のために外側に対する意識を失う人にとって、スワイショウや雲手などのエクササイズは、そういった現実逃避のために内側に入ってしまう状態から、外側にも意識が向けられるように、意識の使い方を習得するための練習になる。身体を動かしながら、自分の意識が内側に向かい過ぎて、ぼんやりしてしまっているのを感じたら、身体の感覚に意識を丁寧に向けて、外側にも意識を向ける。そうすると、外側に対する意識を失ってしまう癖を改善していくことができる。

▼5　失敗したときに感情に意識を向けてトランスに入る

カウンセリングの前後に、渋谷の宮下公園で身体を整えるために気功をしに行ったりする。そのときに、サッカー場で五歳くらいの子どもたちのサッカー教室が行われているのを見ることがある。子どもたちを見ていると**物事への良い取り組み方とは何か**を考える機会になる。

彼らは一心不乱にボールを追いかけていた。ボールを持っていた男の子がボールをとられて転んでしまった。転んだ瞬間、男の子はショックを受けたような表情をして、ペタンと倒れてしまった。ボールは他の子に渡り、彼以外の子どもたちはまたボールを追いかけて遠くに行ってしまい、彼は一人取り残されていた。他の子たちを見る彼は少し悲しそうな顔をしていた。

僕はなんとなくその子が孤独感や悔しさを感じているような気がして、その子がまたボールを追いかけられるかどうかと心配になった。「もういいや」と拗ねてしまうかもしれないし、「もうやりたくない」と思いながらも無理して頑張ろうとするかもしれない。

しかし、そうはならなかった。男の子はうまくいかなかったことを受け容れたような真剣な顔で立ち上がると、すぐにまた他の子たちの方へと走り始めた。また彼はボールを追うことに夢中になっていた。

そのとき、彼が一人取り残された状態で、悔しさや孤独感を十分に味わっているのが印象的だった。もし自分だったら、人前で失敗したときに、それをなかったことにして取り繕おうとしてしまう。彼は取り繕う様子は一切見せず、失敗したことを十分に味わっていた。失敗した自分を味わう時間をとって、それが終わるとすぐに動き出した。誰に励まされるわけでもなく、次に動ける状態を彼は自分で作っていた。

失敗したときほどトランスに入る必要がある。大人は失敗すると覚めて、自分のやっていることを「たかがこんなことに一生懸命になる必要はないのではないか」と客観視したり、内側に閉じ籠ってうまくできない言い訳を考えたりする。しかし、それでは一向に物事にうまく取り組めない。失敗したときに自分の感情を丁寧に感じて、失敗したという現実を認めると、失敗を糧にして先に進める。

子どものサッカーを見ていて、スカウトを始めたときのことを思い出した。声をかけてもまったくうまくいかなかった。ほとんど無視される。派手な格好をしたギャルには、声をかけただけで、

「うざいんだよ!」

と傘で叩かれたりもした。僕はそのときに、

「なんでこんなバカみたいな女にこんな扱いをされなきゃいけないんだ」

とか、

「自分はそれなりにカウンセリングのトレーニングを積んできたのに、うまくいかないのはおかしい」

とかそんなことばかりを思っていた。本当はその反応が直視すべき現実なのに。

大学も中退して、カウンセリングの会社もやめてしまって、声をかけても誰にも聞いてもらえない。自分には何もない、惨めな存在だ……と声をかけ続けた街の人ごみの中でふと感じて立ち止まった。

それまでは、そう思っても惨めさを味わわないようにするために帰ったり、自分の気持ちを感じないようにして声を適当にかけたりしていたが、どちらもできなかった。周りの目も気にならなくなって、頭の中が空っぽになった。

そのときに今まで感じないようにしていた無力感と孤独感が身体の中に満ち満ちてきた。結局僕は何もできないし、誰も助けてくれない。それらを感じることを僕はずっと避けていたのだなとふと思ったとき、なんだか開き直ってすっきりした。この声をかける行為においては、僕が大学に通っていたことも、カウンセリングのトレーニングを受けていたことも関係がないのだとはっきりと認識した。

「あぁ……もうやるしかない」

と、ただそう思った。

そう思うと、自分がそれまで張っていた虚勢がとれていき、声をかけることが楽になった。

「自分は本当はこんなことをやらないといけない人間じゃない」

という傲慢さが、声をかけるときに表れていたのだということに気がついた。それではうまくいくはずはないだろう。それまでとは打って変わって、相手の反応をすべて受け容れて、丁寧に声をかけるようになった。

失敗したときに「失敗したなぁ」と感じ切ることは、大人になると難しくなる。

「あぁ、ダメだったぁ」

と感じ切ったら、

「じゃあ次はどうしよう」

という発想が生まれる。失敗を感じ入らないと、言い訳をしたり、自分が傷つかない範囲でうまくやる方法を考えてしまったりする。

そういうときにトランスに入る方法はただ一つ、失敗したことを感じ切ることだ。悔しさや孤独感、能力の足りなさを感じると、すっとトランスに入り、考えずに感じるモードに入り、アイデアが思い浮かぶようになる。失敗したときの感情を味わうのを避けているとき、そうすることでうまくいかない状態に自ら留まってしまっているのだ。

これは自己嫌悪を味わうのとは違う。自己嫌悪の場合は、うまくいかなかったことを直視せずに、なんとなく「自分はダメだ」と思うことで、失敗を直視しないように自分を守ってしまっているだけで、内側にこもってしまって現実を直視できていない。

▼6　高揚感に流されず、自分が避けているものを誠実に見つめてみる

一方で、感情を強く味わうことに集中すると、主観的になり過ぎて、自分の思っていることはすべて正しいと思うような、そんな高揚した状態になってしまうことがある。こうなった場合、たいていはしばらく経つと鬱っぽい自己嫌悪の状態になってしまう。

高揚した状態のときには、気分が昂ぶっているので、自分は自分のことを客観的に見つめられていると思い込んでしまう。けれど、外から見るとそれはおかしく見えるものだ。そういう人はたいてい、人に批判されるとすぐに攻撃的になったり、怒ったりする。

そのときは心地よい。自分が何もかもわかっているような気持ちになる。しかし、しばらくすると、憂鬱になり、自信が一気になくなる。とても不安定な状態だ。

このとき、自分の中に閉じこもり過ぎていて、他人から見たら自分はどう見えるだろうという外側からの視線を想定する感覚を失っている。それからまた自信がなくなると、高揚感を味わいたくなって、自分の妄想に耽ってしまう。これをくり返していても、自分の中では自信が出たり、自信がなくなったりと忙しいだけで、実際には行動は変わらない。

これはドラッグをやっているような状態だ。そうなってしまったときに、「自分が避けているものはなんだろうか」と自分に聞いてみると、同じことをくり返しながら、気分が上下する状態を抜け出す答えが見つかる。こういうときは、避けているものがあって、それを避けるために地に足のついていない妄想に耽っているのかもしれない。

▼7　くり返されるテーマ

悩み続ける人は、その悩みに捉われている自分自身を嫌っているから、同じことで悩み続けてしまう。

自分について回る悩みを、自分自身のテーマとして丁寧に扱ってみると、新しい行動や認識を得ることができるようになる。反対に、その悩みを忌み嫌うと、自分が一向に進歩しないように感じられ、自信をなくし、実際にもあまり行動の変化が現れない。

僕がもともと学んだカウンセリングの手法は催眠療法だ。催眠療法というと、トランスに入ってトラウマを取り除いて晴れやかな人生を歩むというようなイメージを持たれることがある。実際はそうではない。トラウマを取り除くことはできない。実際は取り除くというよりも、自分の苦手なこと、気になっていることを手がかりにしながら、自分自身をより深く見つめられるようになっていくという感じだ。

嫌悪感を伴いつつも強烈に惹きつけられてしまう物事を、さまざまな視点で見ていくと、自分が人生の中で望んでいるものは何か、そして、それを得るためにはどうすれば良いのかということが徐々に見出されていく。


僕のテーマは恐らく対人恐怖だ。

自分が他人に対して感じる恐怖心がどうしても気になってしまう。これがなくなるように、催眠療法を受けたこともあったが、一時的にはまったく気にならなくなったりはするが元に戻ってしまう。反対に、怖いということを受け容れたときに徐々に変化が訪れた。怖いことを緩和するためには何をすれば良いかを考えたり、他の人は他人のことをどのように怖いと思うのだろうかということに関心を持ったりし始めた。対人恐怖が、悩みというよりも、関心を向けるテーマになったのだ。

そういう自分が避けようとしているものを感じ切ろうとしたときに、自分の中でさまざまな発見をすることができる。そうなると、それまでは、

「また同じことを考えてしまった……」

と思っていた悩みに対して、

「やっぱりこういうことが気になるんだな」

と思うようになる。

そうやって、悩みをくり返されているテーマとして見つめてみると、明らかに自分の日常の過ごし方が変わる。自分がどのようにそのことを気にしているのかを客観的に捉えられるようになり、自分のことを冷静に観察する視点が生まれる。

そうして観察し、普段からの無意識的な反応を自覚すればするほど、身体感覚が細かく鋭敏になる。たとえば対人恐怖なら、こんなときに怖いと思って身体を強張らせていたのだということに気づくようになる。そうして、自分の動きを知れば知るほど、硬直して思考停止にならなくなった分だけ、感情を多様に感じられるようになる。

僕にそういう認識を与えたのは、僕を治してくれたカウンセラーの数回目のカウンセリングでの一言だった。僕は鈍い人間が周りにいるだけで気分が悪くなって、体調も崩してしまうと訴えた。周りが出す大きい声や音、無遠慮な振る舞いが許せなかった。僕は繊細で、周りが鈍い。だから、パニック障害になる。だけど、パニック障害になった僕を周りはおかしいと思う。それが許せないと恨みの感情を込めて訴えた。

先生は僕の訴えに対して、こう言った。

「たしかに君は繊細だ。だけど、世の中にはもっと繊細な人がいる。君はもっと繊細になれる

し、ならないといけない」

それまで、

「君は繊細過ぎるんだよ」

「考え過ぎだよ」

と言われ続けていた。言われるたびに、そうなのだろうと落ち込みつつも、言った人間のことを自分よりも頭の悪い鈍い奴だと思って馬鹿にしていた。「もっと繊細になれ」と言ったカウンセラーは僕よりも明らかに繊細さを持ち合わせていることを僕は感じていた。「負けた」と思うと同時に強く「勝ちたい」と思った。そのときに、自分の性質を活かして生きていきたいとはっきりと思い、力が湧いてきたことをよく覚えている。

それから僕は邪険に扱っていた自分の繊細さを大事にするようになった。それをもとに他人を見て、自分を省みることを続けた。そうすると、もっと繊細になれることに気づき、「繊細過ぎる」とか「考え過ぎだ」と言われても、まだまだ繊細に感じ切れていないと思い、自分の気になることを探求するようになった。

自分が気になることを真正面から気にすると、同じ悩みのくり返しから抜けることができる。悩みが完全に忘れ去られて気にならなくなるのではなく、自分の過去や性質を抱えて生きていくことが上手になっていく。

第7章 騙すこと、依存させること

「信じてください、アエメリンさん。人間というのは、自分がやすやすと騙せる相手を好きになりはしないものです」

トーベ・ヤンソン『誠実な詐欺師』

▼1 路上販売の天才

僕は人を騙す人が嫌いではない。スカウトをしていたときに、すぐ近くで化粧品の路上販売をしている人がいた。恐らく五〇歳は過ぎているベテランだ。周りで声をかけている人も

その人には頭が上がらないという様子だ。挨拶をすると、

「今日も頑張ろうね。僕も近くで君がやっているのを見たら頑張れるからさ」

といつも言ってくれた。

その人は、

「ちょっと君！」

と大きな声で通行人に声を掛ける。声をかけられた人は、その迫力になのか、ビタッと止まり、その人の化粧品の話を聞く。

「君、肌汚いねー！」

から話が始まる。それから、道の真ん中で大きな声で、とんでもないマシンガントークで化粧品の説明が始まるのだ。

彼に掴まった人は、そのトークによって彼の世界の中に引き入れられていくのが、近くで見るとよく分かった。そして、化粧品を高額で売る。騙している……わけではないかもしれないが、相当な技術だ。彼は明らかに周りの人間よりも販売数をあげていた。

ある日、その人が新しいコートを着ていた。それはなかなか高級そうなコートだった。

「いやぁ、お店の人に似合いますねって言われたから、色違いも買っちゃったよ」

と言う。街中で毎日人を引っ掛けている人がそうした反応をしたのは意外だった。もっと疑い深く、他人の話を受け容れない固い人なのかと僕は思っていた。この人も、この人が毎日他人にしているように、他人に言われたことに影響を受けるのだ。

彼だけでなく、**話術に長けた人たちは柔らかく、影響を受けやすい**。こちらのちょっとした一言にも敏感に反応をする。彼らは僕が言ったちょっとした一言にも丁寧に反応して、そのことについてどう思うかをゆっくりと感じた上で伝えてくれる。僕は彼らの話術、人を惹きつける影響力は、こうした部分にあると思い、彼らのような人を受け容れる柔らかさを大切にするようになった。

それはチキンレースのようなものかもしれない。信じれば信じるほど、他人に影響を与えられ、信じ過ぎてしまえば、ただの騙される人間にしかならないというような。

▼2　信じ込んでみること

誰かから何かを学ぶときには信じ込んでみる必要がある。疑いながらだと、教えてもらってもなかなか理解ができない。理解したと思い込んでも、それは頭で理解しただけで、教えてくれた人の感覚が分からない。だから、教わるときは誰よりも騙されやすい人間になろうとする。恐る恐る、それが正しいのかどうかを確認しながら学ぶようなことはしない。教えてくれる人に同調して、その人がどのような感覚でその技術を行っているのかを捉えてみる。そうすると、そこにどれだけの集中力、純粋な思いを注いでいるのかどうか、あるいはそうではなく、集中力や思いのない偽りのものであるかどうかを感じられる。もちろん、そのとき感じたものが真実だというわけではないが、できる限り同調して相手の感性を受け取ろうとする。

それはある意味、恐る恐る疑っている人よりも、その人を疑っていると言ってもいい。相手がどれほど純粋な感覚をもってその物事に取り組んでいるのかを疑っている。それを感じ取るために、相手の感覚に近づいていき、相手の感覚を信じ込んでみる。そうして、相手と同調できればできるほど、嘘があるときは、その人の中にある嘘が見える。それは、「この人は取り組んでいることに対して集中してないように思われるな」というような違和感として感じられる。反対にその純粋さに圧倒されたときには、「こんなに物事に集中することができるのか」

と、未知の感覚に襲われて涙が流れることもある。

学習をする、技を盗むということは、その技術者の感覚に潜り込むことだ。潜った深さだけ、得られるものがある。その代わり、危険なことでもある。潜ったまま帰ってこられないことだってある。その先生の言うことだけが正しいと思って、それ以外のことを聞く耳を持たなくなってしまうこともある。そうなると、その先生が自分の人生を救ってくれるかのように依存してしまう。そのときは、新興宗教に没頭するのと同じ状況である。しかし、仕方ない。虎穴に入らずんば虎子を得ず、である。

僕の友人にさまざまな新興宗教に潜入した人がいる。彼はその新興宗教を知るために完全に洗脳されるようにしていたという。彼は必ず、その教団のところに行く前に、机の中に手紙を残していた。教団のところに行く前に自分が感じていることを言葉にしておく。そして、帰ってきたときにその手紙を見て、どれだけ自分が洗脳されたかを知り、元に戻るというのだ。

▼3　騙す、洗脳する、依存させることにある寂しさ

騙す人は寂しい。

他人を欺き、自分の思い通りに動かすことで、自分自身の価値を確かめている。これは特別なことではない。誰かに何かを伝えるときには、常にその危険性と隣り合わせである。伝

える人が伝える相手に対して、「自分の言っていることを信じ、自分のことを認めて欲しい」と思ったときに、その状況は現れる。

また、伝えられる人が「信じさせて欲しい、こうすれば大丈夫だと言って欲しい」と思ったときにも、その状況は現れる。

互いに自分の寂しさや依存を増幅させ合ってしまう。しかし、伝える側、伝えられる側、どちらの立場にあっても、信じ過ぎることは相手のためではなく自分の考えの甘さゆえのものである。信じ過ぎることは依存だ。相手なしに生きられなくなったとき、人は依存して、信じ過ぎる。

▼4　話の方向性を誘導する

ちょっとした返事ですらも、他人の話の方向性を誘導することができる。

その誘導に気づくには、相手よりも細かい感覚が必要になる。粗ければ、知らない間に洗脳されている。自分が言っていない感情や価値観を返事の中にすっと入れられている。

悩みを話した後に、

「それは悲しいね」

とか
「それは悔しいね」
とか、そのような返しをするだけで、言われた相手は悲しさや悔しさを、自分の中に起こったことの中から見つけようとしてしまう。そうした返事だけで、自分がした話をどう捉えるか、その方向性を決められてしまっている。もちろん、当人の気分と大きく異なる方向への誘導は難しい。
「仕方ない」とか「周りが悪い」とか、ネガティブな方向や、自分を省みるよりも他人のせいにする方向への誘導はしやすい。弱っているときには特に、その方が本人にとって楽な考えだからだ。

何も言わず、頷くか頷かないかだけでも、話の方向性を変えられる。こちらの望む方向性に話が進む場合だけに相手に気づかれないように軽く頷いていると、そちらの方向性に話が進みやすくもなり、頷かない方へは話が進み難くなる。

ある人物の悪い側面に思いを馳せるように誘導することもできる。
たとえば、対象の女性の恋人を褒めれば、女性は自ずと悪い側面を言い、貶せば自分の恋人を貶されたことにむきになって良い側面を言うようになる可能性が高い。そのとき、相手はこちらがそのように誘導しているとは気づきにくい。

実際のところ、多くの男性は、気に入っている女性の恋人を貶してしまう。そうすることで、女性はより恋人のことを大事に思うことが多い。男性は自分の方が良いということを暗に伝えようとして、その下心が逆効果を生んでしまっている。

それよりもむしろ、彼女が選んだ男性を肯定する方が、彼女は自分を受け容れてもらえていると感じるものだ。そうすると、彼女自ら、恋人の不満を話し始めるだろう。そうやって、人は自分の意思で話していると思いながら、誘導されていることがある。

▼5 「周りが悪い」か、「自分に改善するところがある」か

依存させることとは、相手の自己責任能力、内省する力を奪うことである。

自分の悩みに対して、相手がただ、

「そうなんだ」

と感情的なワードを入れずに返してきたら、ただその出来事があったのだということで、その後は自分の好きなように内省できる。

相手が、

「それは酷いね」
とか、
「それは相手が悪いよ」
と言ってきたらどうだろうか。弱っているときにはこの人は自分の気持ちを分かってくれると思うかもしれないし、調子が良いときには、聞き手が自分の話を相手に非がある方向に勝手に解釈していると判断するかもしれない。

自分に責任の所在を求める限り、人はある状況をいかに打開すべきか、今後はどうするべきかと考えることができる。しかし、他人や環境が悪いと考え始めると、自分に責任の所在を求めなくなってしまい、出来事の中の自分の在り方を考え直すというよりも、他人や環境を責めて自分を現状のままに留めるための自己肯定をしてしまう。

他人や環境が悪いと思うように促せば促すほど、内省する力を失って、安易に自分の味方をしてくれる他人や、自分が楽をしてうまくいく方法を探し、それに依存してしまう。

しかし、「あなたのここが悪い」と言えば良いかというとそうではないところが難しい。悪いところを直接指摘されてしまうと、自己嫌悪になって、そのことに捉われて、かえってうまく進めなくなる。そして、より悪いところを指摘してきた人に答えを求め、依存することもある。

悩んでいる人、弱っている人は答えを求める。できるだけ他人のせいにしたり、また自分自身を見つめずともうまくいく表層的な解決方法を教えてもらいたいと願っている。「あなたではなく周りが悪い」と言う人、アドバイスを与えてくれる人、悪いところを指摘してくれる人に依存してしまう。

これは依存させる人間が用意周到に、そのように行っているとは限らない。依存したい人間が、他人に答えを必死に求め、求められたことに応じてしまった人間が、求めてきた人間に依存されてしまうこともある。一概にどちらが悪いとも言えないものである。

悩みを抱えた人間は自ずと誰かに依存するべく動いてしまう。

では、悩みを抱えた人が目の前に現れたとき、依存させず、自ら答えを見つけてもらうためにはどうすればいいのだろうか。

▼6　依存される方法とされない方法

相手に内省する力を伸ばしてもらうことと、依存させることとの決定的な違いは、答えを与えるかどうかというところである。

相手が悩みを話してきたとしても、「こうすればよい」と答えを与えず、また自己嫌悪となるような指摘もせず、ただその人が自分で話し、自分で考えたいように考える手助けをするだけに留めると、相手に内省をしてもらえる。

うまくいったときには、相手は、

「なんだかわからないけどやれそうだ」

と思うだろう。特別にこちらに感謝をすることはない。話してすぐにお礼を言われるときには、もしかすると相手に答えを与えているかもしれない。


もし相手を依存させたいのならば、自己嫌悪を促すように、

「だからダメなんだよ」

と相手の悪いところを指摘したり、自己承認欲求を満たすように過剰に褒めたりしながら、

「君はこうした方が良い」

とアドバイスを与えれば良い。そうすれば、相手は依存し始めるだろう。

「なんで？　どうして？　どうしたらいいの？」

と聞いてくるだろう。そのときに相手に同調した上で、相手よりも少し強い口調で答えを与えると良い。

もしアドバイス通りに相手がやってうまくいったら、またさらに依存される。もし失敗を

したら、
「あなたの言った通りにやったのにうまくいかなかった」
と恨まれたり、役立たずだと思われたりするだろう。

依存されたり、したりするのを一切なくすことは難しい。人から頼られるのは快楽だ。より頼られようと思うと、どんどん依存させることをやってしまう。そうなると、対等に話せる人が周りにいなくなってしまう。必要とされればされるほど、もっと必要とされたいと思ってしまうものだ。

悩みを打ち明けられたら、その人がより自分で答えが出せるようになるように最小限に関わり、自分がどうしても困ったときには、少しだけ人に頼らせてもらうような慎ましさを持っていることが心地よい人間関係を作れるのではないかと思う。

得てして、目上の人、尊敬する人には、自分でも気がつかないうちに身の上話をしてしまう。それが絶対に悪いこととは言わないが、自分からその人と話したいと会いに行って、身の上話をするのは失礼なことだ。相手は別に聞きたいとは思っていないのに、こちらの都合で行って、聞かれてもいないのに勝手に身の上話をしているのだ。

この人はどんな人なのだろうと相手に興味を持ちながら尊敬する人と話したり、また話してもらった体験の中から、あのとき相手はどう思っていたのだろうかと考察する中に新しい発見があるような関わりを持つことが大事だ。

そうすると、目先の答えではなく、他人を堪能しながら、自分で答えを見つけて進んでいく感覚が磨かれていく。そして、そうやって試行錯誤していると、答えを求めてやってきた人に対しても、自ら答えを出す感覚を味わってもらいたいと思うようになり、相手の中に育まれる考えや感覚をじっと見つめることの楽しさを知るようになる。

▼7　他人を前にして自分の欲に没頭したら危険な理由

人を騙そうとしたり、自分の都合の良いように相手を持って行こうとしたりするときには必ずその人の欲が表れる。欲が表れたときには、身体が緊張して、声のトーンも変わる。内容ではなく、相手の身体や動作の変化に、同調しながら意識を向けていると、そういう相手の欲が見えるようになる。

もし話の内容から嘘を見抜こうとすると、その話の内容に没入して、相手のそうした身体的な違和感を捉えることができなくなる。頭の中で、相手の話を咀嚼するために、自分なりのイメージを形作ってしまっているのだ。そのイメージに集中しているために、意識が自分の考えだけに向き、目の前の相手の様子は見ることができなくなってしまっている。騙されまいとすることで、そうやって自ら騙されやすさを作ってしまっている。

相手に身体を合わせて同調していると、ちょっとした声のトーンの違いや、緊張、不自然な仕草に気がつくようになる。

合わせてくる相手を騙すことはできない。反対に、良いアドバイスや情報が欲しいと欲に駆られている人は騙しやすい。相手は自分自身の考えや目先の欲に集中して、自分の内側に意識が向いてしまっているから、僕が言っていることが僕の誠実な思いであるかどうかよりも、それによって自分の思い通りの結果が得られるかどうかばかりを想像しているからだ。

だから、依存させたり、騙したりするためには、相手が何を望んでいるのかを丁寧に聞くことが大事だ。

いきなり良い話を持って行っても、相手は反応しない。相手が期待しているイメージを捉えて、そのイメージがより膨らむように話を進めていく。お金が欲しいなら、

「何が欲しいか」

は大事だし、寂しいのなら、

「人からどう思われたいか」

が大事だ。そして、

「きっとこんな風になるよ」

と相手の未来のイメージを膨らませていく。そうやって期待していることを引き出しながら、最終的には、

「(僕の言うことを聞けば、これを買えば)きっとこんな風になるよ」

に繋げていく。

こうして未来のイメージをしてもらうことはカウンセリングでも有効なことだ。決定的に違うのは、カウンセリングの場合は、そのイメージ通りになってもカウンセラーの利益がないことだ。何かを買わせるため、こちらの提案を聞いて貰い易くするために未来のイメージをしてもらうわけではない。未来のイメージを他人に促す側のメンタリティは違うものだが、プロセスとしては些細な違いしかない。

風俗のスカウトマンをしていたとき、僕の仕事を、

「大変な仕事ね」

と気遣って言ってくるような人にはお店の情報に嘘を混ぜて良く見せたり、嘘をついたりすることはできなかった。なぜならその人は、僕に意識が向いている。反対に、紹介される仕事の内容のことを細かく聞いてくる人間には簡単に嘘がつける。なぜなら、彼女は自分のことで精一杯だからだ。たとえば金銭欲に駆られた空想をしていたりして、僕のことを意識

するのはやめている。反対に、僕に丁寧に意識を向けている人は、僕のちょっとした緊張や違和感のある動きに気づきやすい。だから、迂闊に嘘がつけない。

▼8　観察力は自らの動きを知ることで鍛えられる

〝自分に対する観察力がある〟とは、〝観察が抜けたところが少ない〟ということである。

誰にも、いくつもの抜けているところがある。人間が一日の中でやることにはそんなにたくさんのバリエーションはない。朝起きてからの歯の磨き方、シャワーの浴び方を毎日工夫する人は少ない。また、それと同じように他人と話しているときの相槌の打ち方を毎回変えようとする人も少ない。毎回同じ相槌を打っているなぁとも思わないかもしれない。一日の中で自分を観察していない瞬間は案外多いものだ。

自分を観察するよりも、忙しいときにはやるべきことや約束の時間に追われたり、忙しくないときにも周りの他人を気にしたり、ぼんやりとした空想に耽ったりしがちだ。また、街の広告やスマートフォンを見ているときには、見ているものに意識が向いて自分自身への観察が疎かになる。なかなか自分を観察するタイミングは意識をしないと持てないものだ。今自分がどのように動いているか、どのような気持ちでいるかを意識せずに、気がつけば、外のものにだけ意識が向いたまま時間が経っている。

反対に、休日に公園をのんびりと散歩しているときには自分を観察しているかもしれない。周りにあるものを見ながら、心地よさなど自分の気持ちを味わいながら歩いたり、自分が踏み出す一歩一歩にも意識が向いていたりする。足の裏の感覚を味わったり、自分の呼吸を感じたりしているかもしれない。このときは自分を観察できている。

「あぁ、最近のんびりしてなかったなぁ」などと思うときがそれである。

自分に対する観察が細かければ細かいほど、相手と同調したときの相手の変化を感じ取りやすい。それは動画が一秒間に何枚の画像を使っているかというような感じだ。一秒の中にたくさんの画像があればあるほどきめ細かい動画になり、数枚だとぎこちない動画になる。画像が多ければ多いほど、動画が細かくなるように、自分に対する細かい観察ができればできるほど、相手のほんのちょっとの細かい動きにも気がつくようになる。

▼9　悪口のリスク

愚痴っぽく、内省しない状態だと他人からコントロールされるリスクがある。それは、簡単に自分の周囲の人の悪口を他人に言ってしまうからだ。

他人からの信用を失うのは簡単だ。「あなたのことをあの人が悪く言っていた」と第三者から直接本人に伝えられるだけで失ってしまう。悪く言われた相手は、疑いを抱き、心を開き難くなる。

こちらをコントロールしようとしている人間は、周囲に対する悪口を引き出そうとする。そして、その悪口を当の本人に伝えてしまう。悪口を告げ口した人は、当該の相手との関係を壊したいとまでは思っていないことが多い。しかし、告げ口している人間がどう思っていようが、自分の言った悪口が相手に伝わってしまったら、関係が壊れるのは必然だ。しかも、この場合、悪口を引き出して告げ口した人は、ただ誰とでも仲良くなりたいだけで、そのような悪意がなかったりする。心を開いて仲良くなるのではなく、さまざまな人と別の人との悪口を共有して仲良くなろうとしているだけだったりする。

そして、もしうっかり悪口を言ってしまったら、そのようにして周囲との関係を破壊されるだけでなく、その悪口を本人に言うと脅されてしまうこともある。

自分の今の環境を大切にしたいなら、周りの悪口を言わない方がいい。

こちらをコントロールしようとしていない人でも、悪気なくそれを当人に言ってしまうこともある。そうなってしまったときには、言われてしまった人の心の傷を元どおりにすることは難しい。

反対に、人は直接褒められるよりも、第三者からの褒め言葉の方が抵抗なく受け取り易く、こちらにも良い印象を抱く。打算的にではなく、それを自然とできるような心持ちでいつでもいられたら良いなと思う。他人を悪く言うことも、良く言うことも、無理にすることはできない。無理にしてしまったら、表情も声も緊張して、違和感を与えてしまう。どちらをしているにせよ、そのとき口から出る言葉や行動は、そのときの自分の状態が表れているだけなのだ。

同じように、騙すことも、騙されることも、そうしようと思ってできることではない。自ずとそうなってしまうものだ。

ナンパをして、複数の女性と関係を持ち続けていたとき、僕はそれぞれの女性に他の女性と付き合っていることは隠していた。それを隠して、恋愛が不得手なキャラを演じたり、場合によっては相手を魅きつけるために他の女性とも関係があることを伝えて、人付き合いが得意で自分のコミュニケーションに疑いを抱いたことなどないように演じたりもしていた。そのやり方は特別誰かに教わったわけではない。女性との会話の各局面で、勝手に口が動いていた。目の前の女性を騙したいわけではない。寧ろ、騙すことは心が痛い。けれども、気づいたら相手を騙すようなことをしてしまう。

他人を騙す罪悪感よりも、他人が自分のことを好きになって依存して欲しいという気持ちの方が優っていて、罪悪感を持ちながらもやってしまっていた。

あるとき、ある女性が僕の嘘を見抜いた。多くの女性は嘘を見抜いたら、騙されることが怖くなったり、僕に嫌悪感を抱いたりして逃げていく。その女性は嘘を見抜いたまま、毅然と僕の目の前に居続けた。

そのときに自分が、他人を騙してでも自分の都合の良いように持っていこうとしていることを自覚して、目の前の自分を見つめている人の前で恥ずかしくなった。

それまでは、騙されている人は騙されるくらいに愚かなのだから仕方ないと、騙される相手のことを馬鹿にして、自分が騙したことを相手のせいにしていて、自分が何をしているのかをなるべく自覚しないようにしていたのだった。

第8章 人の話を聴くということ

治療をするのは患者です。治療者はただ天候、気候を与えるだけです。それだけです。患者が、すべてのことをしなくてはいけません。

ジェフリー・K・ゼイク編『ミルトン・エリクソンの心理療法セミナー』

▼1　カウンセリングとは

カウンセリングとは、クライアントの話を聞きながら、その話の中からクライアントの直面している出来事を感じ、またその出来事の中でのクライアントの感情や感覚を感じることである。そして、クライアントが自分自身の感じていること、考えていることを認識し、自分自身の現実に対する認識の仕方を新しくしていくように促すことである。

こちらがクライアントに何かを付け足したり、クライアントから何かを取り除いたりするということではない。クライアントが新たに自ずと変わっていくきっかけを与え、見守ることである。変化はクライアントがより自分自身を細かく見つめたときに起こるかもしれないし、自分の中にすでにあったものを再発見したときに起こるかもしれない。

人の中には膨大なイメージ、感情や感覚がある。それらを一つ一つカウンセラーが聞いていってすべて把握するということではない。広大に展開されているイメージ、感情、感覚の豊かさに対して敬意を払って見守るということである。そして、対話をする中で、たった一つでもクライアントが新しい認識を得るだけで、その人の中にあるイメージ、感情や感覚が変わる。それらは別々に独立して存在しているのではなく、有機的に結びついている。

それは今まで書いた僕のエピソードの中でいえば、「君はもっと繊細にならなければいけない」と言われたときに起こっている。認識の変化が起こったとき、人は以前のままの状態でいることはできなくなる。そのときは「自分は繊細だからダメなんだ、だけど繊細さを失いたくない」という認識から、「もっと繊細になれるんだ」という認識に変わった。大事なのは、僕自身の能力が特別何か変わったわけではなく、認識が変わったということだ。

そのような変化の瞬間を作るには、クライアントのその瞬間だけでなく、自分と別れた後にどのようになっていくか、より長い時間を想定して見つめる必要がある。自分の目の前で良い状態になって欲しいと思っていると、クライアントに変化を無理強いすることになってしまう。そのときは、クライアントのためというよりも、自分の満足のためにやっているに過ぎない。その自分で自覚できていないエゴが、相手に対する観察を鈍らせてしまう。

自分の目の前でではなく、それからの相手の人生の中で、どのように変わっていくのかを見つめようとすると、目の前の相手に起こっている小さな変化に気づくことができる。反対に、今その場で変わって欲しいと思っていると、大きな変化にしか気づけなくなる。その場では小さく見えるものでも、少し方向性が変わるだけでその感覚のまま日常を過ごせば過ごすほど、変化は大きくなる。カウンセラーがその長い時間の中での小さな変化の重要性を知っていればこそ、小さな変化を見つけることができる。

また、人の話を聞くときは焦って他人に指示を与えてはいけない。

ちょっとした一言でさえも、その人の世界を傷つけてしまうかもしれない。たとえば、自傷行為やギャンブルなどに依存をしている人に対して、「もうそんなことはしないって約束しよう」と言ってしまうケースはよくある。ドラマなどでも、人間味溢れる提案として、そうした場面が作られていることがある。依存していることをやめた方がいいのは、本人も分かっているだろう。それをそのような〝善意のある様子〟で提案されたら、〝そんな様子で言われてもやめられないこと〟に自尊心がかなり傷ついてしまい、反対に依存が促進してしまう。

これはカウンセリングだけの話ではない。**ただ一言でも、ただ一つの拒否や、あるいは頷きでさえも、他人を傷つけ、一つの考えに囚われ続けさせることがある。**そして、それらはこちらのエゴや鈍さによって行われてしまう。

カウンセリングとは、そのことを胸に刻み、細心の注意を、相手と自分自身に払い、淀みのない気持ちで居続ける試みである。そうしていく中で、相手の話を聞く人は自分のエゴや鈍さに出会い続ける。こちらもただの人間だ。他人の役に立つどころか、傷つけてしまうかもしれないと思って、人の話を聞かなければ、気づかないうちに多くの過ちを犯してしまう。

ただし、傷つけることを恐れてしまっては、自分の中に生まれた「こうしてみよう」と思うアイデアを試すことはできない。自分の直感に従って大胆に、それでいてそこに自分の傲慢さがないかを感じながら繊細に他人と接する。そうすると、失敗したとしても、そこから多くを学ぶことができる。恐る恐るやったり、「まぁこうしておけばいいだろう」と傲慢にやったりしていては、何も学ぶことができない。

他人と接するときに自分の中に生まれる繊細さと大胆さとの葛藤に集中力をもって焦点を当てながら、他人の話を聞くことで、次第により澄んだ気持ちで相手の話を聞くということが身についていく。

▼2「思い込み」が閉じ込められた言葉

言葉にはその人の価値観や思い込みが閉じ込められている。当人が使う言葉はその人自身を変化させず、そのままに留めるような形をとっていることもある。


「だって、～じゃないですか」

「そういうものですよ」

「～でしょ」

などと人が言うとき、それは、

「私は現実がこのようにあると思い込んでいます」

という告白である。この場合、そうとは知らず、本人は「現実はこのようにあるのだ」と思い込んでいることが多い。

だからといって、そこに間髪入れずに、

「あなたはそう思っているんですね」

と気づきを促せばいいということではない。もちろんそうやってこちらが応答をすれば、クライアントは、自分が語った現実は、現実そのものではなく、自分が思い込んだ現実であることに気がつくだろう。それがクライアントの思い込みを外して、彼の中での自己認識がまた新しい形をとり始めることもある。しかし、すぐに反応をせずにもっとじっくり聞いてみるというのも大事だ。その方が、相手に抵抗されずに、そう自分が思い込んでいることを認めてもらえるようにする方法が見つかる。特にすぐに相手の言ったことに飛びついているときは、相手のために動いているというよりも、自分がやりたいから動いてしまっている可能性が高い。

▼3　外から見て美しいか

実際には、その応答をする前に、そこに自分のエゴがないかどうかを確かめる必要がある。相手の役に立ちたいとか、話を聞いてもらえた、解決してもらえたと思われたいという気持ちがないかどうか。その応答を発話するとき、自分の中に傲慢さは生まれていないだろうか。発話しようとするときに、表情に自らの傲慢さを示す筋肉の緊張は生まれていないだろうか。

まずい応答をしてしまっているときは、外から見ても美しいものではない。そのとき、意識は内側だけに向かっていて自分の思い込みだけで話していたりする。外側にも意識を向けて、外から見て美しいかどうかと自分に問うてみると、「相手のことを自分はよくわかっている」というような自分の内面の澱みが見えてくることがある。

悩みを話す人に対して、自分の方がものをよく分かっていると思い込んでいる聞き手の姿は美しいものではない。相談を受ける立場に身を置くと、知らない間にそのような状態になってしまいやすい。

話を聞く人間は、ただ相手の世界を知ろうとする人間でしかない。自分の方がものを分かっているとか、相手のことが見えていると思うと、上からアドバイスをする人間になってしまい、外から見たら、聞く側が傍若無人で、自らの傲慢さを晒しているように見える。そのときはきっと、目の前の相手にも良い印象ではない。そのために、こちらに抵抗して話してくれなかったり、こちらの話を素直に聞いてくれなかったりする。

▼4　時間を細分化し、観察する層を増やす

「私、すぐに人を傷つけてしまうんです」

そう言われたとき、この一文をそのまま言葉通りに受け取ってはいけない。この一文を細かくしていくと見えてくるものがある。一体この一文にはどのような強調があっただろうか

と疑問を持ってみると、**一つ一つの言葉にはたくさんの感情、感覚、イメージが詰まっていることがわかる。**

強調して区切られた〝私〟には、罪悪感、自己嫌悪、自分は悪くないと思いたい感情が、〝すぐに〟には、感情を制御しきれずに動いてしまう感覚が、〝人を〟には、他人に対する嫌悪感、自分よりも他人を責めたい欲求、自分は人を大切にできないという自己嫌悪が、〝傷つけて〟には、その人が他人を傷つけたそのときの感覚、あるいは傷つけそうになっているときの自覚している感覚が、〝しまうんです〟には罪悪感、それをしてしまっていることをわかっていてもやめられない感じ、少しそれが好きでやっている感じが、それぞれあるかもしれない。

これらはただの推測であるが、もしこの一文を言葉通りの意味だけで受け取ってしまったら、相手の内面の感覚を捉えられない。

誰でも、言葉を発するときは、それぞれの言葉にそれぞれ異なる感情、感覚、イメージがこもる。たとえば、「青」と一つの色を発話するにしても、そこに込められる感情、感覚、イメージは皆違う。青が好きな人、嫌いな人がいて、青に関して思い浮かぶ物も、思い出も違う。青と聞いて、音や匂いを思い浮かべる人もいる。また猫を飼っている人の「猫」と飼っていない人の「猫」では、そこに込められる思い入れが違うだろう。

一つ一つの言葉の発話は、ただの記号というよりは、それが感知され難いほど微弱であろうと、制限できないほど強いものであろうと、自分の情念の表出である。だから、一文はただの一文としての意味を伝えるものではなく、その情念の表出の組み合わせなのである。

　このとき、声のトーンの変化だけではなく、身体の動きにも変化が表れる。手を握り込んだり、瞼を閉じたり、表情がそこだけ特に変わったり、何らかの反応がある。

　たとえば、この、

「私、すぐに人を傷つけてしまうんです」

の中で一番強く発声されたものが何だろうかと感じてみる。

それがもし〝私〟であれば、どうだろうか。クライアントは自分の罪悪感を消化したいと思っていたり、本当は自分が悪くなく、周りの人間が悪いということを聞いてもらいたいのかもしれない。〝すぐに〟であれば、その咄嗟の反応の中に込められたものや、なぜだかわからないけどどうしてもやってしまう感じを一緒に捉えて欲しいのかもしれない。

　これらはただの推測である。だから、そうだと思い込んでしまった時点で、こちらがその思い込みに囚われながら、相手と接してしまうことになり、自分の内側だけに意識が向き、相手に意識が向かなくなってしまう。しかし、これらのアイデアがなければ、聞いた話をどう捉えるか、アイデアが湧かない。

　こうしてふと浮かんだアイデアは、思い浮かぶと同時にすぐに捨てて、相手にきちんと意識が向いた状態を維持し続けると、自分の思い込みに囚われにくくなる。浮かんですぐに捨てたとしても、アイデアとして感じたことは自分の中に残り続けるから安心していい。捨てたアイデアがまた別のアイデアと繋がって、それらの繋がりが相手に対してより深い認識を与えてくれたとき、ハッと核心をつかめることがある。

相手の話を聞きながら思い浮かんだもの、気になったものを丁寧に拾っては捨てながら、その話の行く先を見守っていく。それが他人の話を聞き、観察するということである。

他人の言葉の一つ一つに敏感になるためにできることは、自分が話しているときに、言葉に感情や感覚、イメージをどのように込めているかを感じてみることである。ほとんどは無意識的に行われていて、自分では気づいていないかもしれない。

自分の言葉の中にある、知らないうちにこもっている感情や感覚、イメージに気づいたら、他人の話している様子を観察してみる。これも前述の喫茶店での稽古のように、他人同士が話しているのを観察するところから始めた方がやりやすい。そうやって他人の会話を聞いてみると、その中にいろいろなものが詰まっていることが感じられ、他人の話に興味深く耳を傾けられる。

▼5 相手の感情に反応すると、話が流れ始める

淡々と、起きたことが羅列されるような、事柄のみを伝えられる話からは、なかなか話し手が何を伝えたいのかが掴みにくい。そこに話し手の感情、ドラマを読み取ることが難しい場合、つまらないと感じたり、こちらが相手の感情を少ない情報からたくさん想像しなければいけないので、聞いていて疲れたりする。一方で、話を聞きながら、その人がその中で喜んだり、怒ったりしている様子が見えると面白く感じられる。そのときは聞き手が話し手の感情を推測する必要もないので疲れない。

多くの個人の体験は、誰にでも起こるようなものでしかない。しかし、その一方で、目の前のその人が感情や感覚を伴って体験したという意味では特別なものである。それは自分自身の体験も同じだ。どんな体験もきっと別の誰かがすでに体験していることだが、それを体験したということは、そのとき限りの感情や感覚を味わったという意味で自分自身にとっては特別なことだ。

自分の体験をそうした特別なものだと扱えていないとき、自分の感情や感覚を感じられなくなっている。また反対に、自分の悩みが世の中で唯一無二のものだと信じ込んでいるよう

な場合もある。そのとき、それが他の人も体験しているありふれたものであるかもしれないという視点が欠けている。悩んでいる最中に、他人から、

「あなたの悩みはありふれている」

と直接言われたら受け容れられないだろう。しかし、

「自分はなんて不幸なんだ」

と悩んでいる最中に、

「他にもこんな体験をした人はいないのだろうか」

と自ら探してみると、現状を打破するきっかけになる。同じような体験をしていそうな人から話を聞いてみたり、小説や映画の中に探してみたりすると、自分のことを省みて、新しく踏み出すきっかけにできる。


感情を込めずに淡々と話していては、話し手はなかなか話しながら内省することができない。

「こういうことがあったんですよ」

「あぁそうですか」

というような会話である。そのとき、**聞き手が話し手にとってそれがどのような感情を持つような出来事であったのかを聞くと、話の質が変わる。**

「そのときはどんな気持ちだったんですか？」

「いやぁそれは嬉しかったですよ。だって……」

と、話し手は体験の中でその時芽生えた主観的な感情や感覚を話の中に込められるようになる。そうすると、それまでは気づいていなかった感情や感覚に話し手が自ら気づくようになっていく。

また、感情が込もっていたとしても、不満を吐き散らすような会話になると、内省する能力が育たない。いわゆる愚痴や悪口である。先ほど書いた、

「自分の悩みがありふれたものでしかない」

という視点、外側に向けられた意識の欠けている場合である。この場合は、そう思ったり感じたりしている自分自身を、話し手が客観視できるようになると、外側にも内側にも意識が向いてトランスに入り、落ち着いて内省できるようになる。

たとえば、

「あいつは馬鹿だ」

では、内省がない。しかし、

「あいつをどうしても馬鹿だと思ってしまうんだよね……」

になると、自分の内側である感情に意識が向いていて、自分を外側から見た視点もある。

このとき、話し手は自分自身を省み始め、話が先に進んでいく。

「自分の思っていることが現実そのものだ」

という思い込みのある状態ではなく、

「自分はこの現実に対してこう思っているのだ」

という態度をとるようになることで、内省が始まる。その態度を引き出すためには、

「どうして馬鹿だと思うんですか?」

と聞いてみるのも一つの方法かもしれない。


しかし、この質問も、相手が今どのように思っているかを注意深く感じることをせずにしてしまうと、相手を馬鹿にしたような会話になってしまう。そうなると、

「あなたは自分がどうしてそう思っているかも分からずに話をしている愚か者だ」

というメッセージを暗に送ってしまい、それに気づいた相手は抵抗し、心を開いて会話をしてくれなくなってしまう。たとえば、

「たしかに馬鹿だと思っていることはわかったけど、そんなに相手は馬鹿なんだろうか?

どういうところをそんなに馬鹿だと思っているんだろう」

と関心を持てたらスムーズに聞くことができるかもしれない。

あるいは、

「それは嫌な気持ちになりますね」

と相手のそのときの感覚を味わって同調しながら言うと、

「そうなんだよ……それで……」

と話し手は相手のことを悪く話しながらも、

「そこまで悪く言うこともないよな」

と自ら気づくこともあるかもしれない。

とはいえ、相手が内側にも外側にも意識が向いてトランスに入り、内省をすることを促すのに、こうすれば必ずうまくいくという方法はない。目の前の相手の今感じていることを大切にしようと思いながら、話を聞いていると、自ずとさまざまな方法を自ら見出すことができるだろう。大切なのは方法ではなく、自分がどれだけ丁寧に相手の感覚と、相手の内省が始まる萌しを捉えられるかということである。

▼6　感じる主体を増やす

目の前で話している人には、普段付き合っている人たちがいることを忘れてはいけない。

好き、苦手、話しやすい、話しづらいなど、自分が相手に対して抱いている感覚がある。対話の中で、何を話せばいいかとか、どうしてあげたらいいのだろうかと考え始めると、このような自分が相手に対して率直に感じている感覚を見失ってしまう。それを見失ってはいけない。この感覚が相手を理解する大きなヒントになることもある。

「こんな人と話すの嫌だな」

とか、

「聞いているだけでしんどい」

とかネガティブな感覚があっても構わない。自分勝手に話している人との会話はたいていそんなものだ。そのとき、こんな風にふと思ってみる。

「この人の周りの人も、いつもこんな気持ちでこの人と接しているのかな」と。

そうなると、より広い視野でその人のことを感じることができる。それまでは「つまらない会話を目の前でしてくる」としか思っていなかったものが、

「そのつまらない会話をする人はいかにしてこのような会話のスタイルを維持し続けているのか」

という疑問に発展する。相手は自分だけにこのスタイルで会話をしているわけではないだろう。普段接する人たちはそれを維持する手助けをしており、その会話のスタイルは本人も知らぬ間にその環境の中で作り上げられたものである。

それならこの人はいったい何がしたいんだろうかと考えが進む。こんなに人に嫌な印象を与えながらも、必死に話し続けている。話を聞いて欲しいのに、まったく聞いてもらえないだろうなと思う。聞いてもらえないと、聞いてもらいたいと思っているこの人はますます話さなければいけなくなる。質的な満足を得られないから、どんどん量が増えていくような感じだ。こうして、本人の望んでいることとまったく逆のことが実際に起こっている。

相手は、聞いてもらいたいと必死になり過ぎて、もはや聞いてもらえているかどうかを確認することができなかったり、薄々聞いてもらえていないことが分かっているから、相手の反応を確認することが怖くなったりしているのかもしれない。周りの人が聞き流すから、余計にまた分かってもらいたくて話し続けるようになっているのかもしれない。

いろいろな想像が膨らんで、結局この人が望んでいるものはなんだろうかと思いながら話を聞いていると、つまらない話と思われたものが、その話し方の中に彼の他人への望みが隠されている興味深いもののように感じられてくる。

いったい彼の望みは何だろうかと、そう思いながら興味を持って聞いていると、彼から発せられ続ける話の裏に隠された、孤独感や切迫感をも味わうことができるようになる。

▼7　意識できる部分を増やしていくコツ

同じ人物を見ていても、見ている部分は人それぞれ違う。カウンセリングのワークショップをしていたとき、クライアント役をしていた人について、僕の友人が「自信がないときは指先がいつも動いている」と言った。僕はそのことにまったく気がついていなかったので、衝撃的だった。そのとき僕は表情と上半身をいささか強く見過ぎていて、指先にまで視野が広がっていなかったのだった。それは自分自身についてもそうだった。どちらかというと自分自身の身体も、目の周りや肩の辺りに意識を向けていて、その部分に力が入ったら抜くようにしていた。

それからというもの、人の指先を観察することを意識するようになった。しかし、なかなか見られない。目の辺りを見ていると、視野が指先まで広がらないのだ。そのときに自分が他人の顔を強く見過ぎていることに気がついた。反対に指先を見ると、表情が見えなくなる。焦点の合わせ方をもう少し弱くしなければ、表情と指先の両方を見ることができない。

焦点を弱めると、目の力が抜けて、精神的な余裕も生まれたことがわかった。それまで自分は緊張しながら他人を見ていたのだった。そうやって観察の範囲を広げることによって、よりリラックスして他人を見ることができるようになった。

眼の緊張。表情。手の動き。足の動き。声のトーンの変化。自分の気持ちの変化を感じて……と、他人を観察するのはこんなにも難しいのかと思うかもしれない。もし難しいと思ったら、今の自分ができる範囲を越えている。

それは自動車の運転を覚えるのと同じだ。特別な技術ではなく、多くの人が自然とできるようになるものだ。はじめはブレーキとアクセルの場所さえ意識しなければいけないが、徐々にそんなことは意識しなくても、自然と身体が動いて運転ができるようになっていく。バックミラーを見て、サイドミラーも見て……とはじめは忙しいが、徐々に必要なときには自然と見られるようになる。他人を観察することも同じように、無理のない範囲で少しずつできるものを増やしていけば、それらは自然にできるようになる。

こうして訓練をするときに気をつけなければいけないのは、一つずつ身につけることだ。まだどれも自然とできるようになっていないうちから、表情、手、足、声のトーンと、さまざまなポイントに同時に意識を向けようとすると、なかなか身につかない。

数日間でも徹底的にある一つの場所を観察するように努めていると、自然とその部分は観察してしまうようになる。ある程度自然にできるようになったら、また別の部分を意識するようにしてみる。そうやって一つひとつ確実に身につけていくと、結果的に多くのことを早く身につけられるようになる。

▼8　分割する

誰しも自分自身のことを自分で思っているほどは細かく捉えられているわけではない。自分自身のことを細かく見ることは難しい。他人に自分のことを話し、反応してもらうことで、普段よりも細かく自分のことを捉えられるようになる。人に話を聞いてもらうことは、ありがたい機会だ。ちょっとした質問や反応をしてもらうだけでも新たに自分を見直すことができる。

「なんとなくうまくいっていない気がして……」

と人が悩みを打ち明けるときは、〝うまくいっていない〟という幕が、蓋のしていない弁当箱のような箱の上にかかっているような感じだ。この幕を剥がしてみると、その中にはうまくいっていないことと、うまくいっていることが入っている。

そんなイメージを持ちながら、

「何がうまくいっていないと感じるの？」

と聞いてみると、その人の中でうまくいっていないと思っていることについて話してくれる。そうすると、箱の中の様子がはっきりとしてくる。さらに、うまくいっていることについても話してくれるかもしれない。そうすると、なおさら中身がはっきりとして、全体に覆いかぶさった、〝うまくいっていない〟という幕が剥がれて消えていく。

うまくいっていないと思っているところ、困っているところがはっきりとしたら、そのことについて一緒に話していけば良い。「なんとなくうまくいっていない」状態のまま、話を聞いていくと、なんだかよく分からない抽象的な話になってしまう可能性がある。

「自信がない」には「特にどういうときに自信のなさを感じるか」

とか、

「漠然と困っている」には「どういうときに困っているか」

とか、

「毎日がつまらない」には「一日の中でつまらないときと、楽しんでいるときは、それぞれどんなときか」

とか、そういう全体的にぼんやりとした話に対しては、こうやって幕をとっていくのが有効であることが多い。

そのときは、**悩みを解決しようとするよりも、一緒にその人自身の〝箱の中〟を見ていくと**

いう感覚が大切だ。焦って答えを見つけようとすると、かかっている幕の部分について話し合うことになり、会話が不毛で抽象的なものになってしまう。

▼9　相手がすでに持っているものは何か——リソースについて

どんな生活であろうとも、毎日を過ごす限り、人は観察し、行動し、さまざまなことを学ぶ。まったく観察もせず、動きもせず、学びもしないことの方が難しい。本人にとってはそのことに価値を置いておらず、学びだと思っていなくても、生活している限り、その人特有のさまざまな感覚を育みながら生きている。そのような、**人がすでに持っているものを「リソース」という**。

悩みの解消や問題解決にあたって、それに直面している人はすでに解決するためのリソースを持っている。しかし、悩んでいたり、それを問題と感じたりしているときには、リソースを使えていない。そのような認識で、人の話を聞いていると見えてくるものがあり、何かアドバイスをしたり、相手を否定したりして、自己嫌悪を味わわせてしまうことがなくなる。

人の相談を聞くこととは、ダメな人間により良い人生を歩ませることではない。

たとえば、ある喫茶店のアルバイトであったとしても、そのアルバイト先で重宝されている人間もいれば、そうではない人間もいる。しかし、果たして、そうではない人間の方が劣っているといえるだろうか。

彼はアルバイトをしながら、その業務を進めるのに相応しくないことを考え、結果業務の進行に滞りを来たしているとする。しかし、彼はそのアルバイトに適応している人間が見ていないものを見ているから、適応できていないのだ。

アルバイト先では褒められたことではないかもしれないが、その彼のアルバイト先では褒められないものも一つの「リソース」である。もしかしたら、彼は業務には適応していないかもしれないが、適応している人間が見落としているものを見つけているかもしれない。

その場所に合った正しいやり方だけが能力ではない。

その場所に合っていない、その場所では役に立たない思考や行動も、別のところで使い道があるものだ。そう思って、他人のことをじっくりと捉えてみると、本人が自覚していない本人の魅力や能力を見つけることができる。

また誰でも、生きていれば何かに一生懸命に取り組んだ経験があるだろう。スポーツやゲーム、絵、音楽、それ以外のどんなことでもいい。好きなことに取り組んでいるときには、人は素晴らしい学習能力を発揮する。その人が目の前に直面している問題において、これまでの学習の中で見出した思考や行動のプロセスもまたリソースである。

ある人見知りの男の子がナンパの講習に来てくれたことがある。

彼は緊張して人と話すことが苦手だと言う。声をかけたい女の子を見つけて声をかけるが、声をかけるときにはガチガチに緊張してしまい、頭の中は真っ白で、何を話せば良いか分からない。女の子もそんなガチガチな人が声をかけてくるものだから、怖がって無視をして逃げていく。


彼はサッカーが好きだったので、ゲームの中で流れてくるボールを受け取ってシュートをすることを思い出してもらった。

シュートをするためにボールを受けるには、良いポジションでボールが受けられるように計算しながら、空いたスペースを探したり、自分でスペースを作ってボールを引き出したりする必要がある。

そして、ボールを受け取ったら、体勢の良い状態でシュートをする。

ボールをもらうためには、コート全体に流れているもの、敵味方の位置関係を捉えつつ、ボールの動きに合わせ、また先を読んで動く。そのとき、どう蹴ろうか考えるよりも、自然にゲームの流れに自分の動きを合わせていき、パスしてくれた人から出されたボールとの一体感を味わう。そして、優しくボールの方へと踏み込んで、シュートを打つ。

良いシュートは、ボールに対する良いポジションと良い体勢によって成立する。どこに蹴ろうかというよりも、良いポジションと良い体勢を作ることに集中すると、自ずと良いシュートを打つことができる。

ボールが女性ならどうだろうか。

その問いかけだけで、彼の中で、声のかけ方が、すでにサッカーで持っている感覚＝リソースを使って再構成され始めた。女性だと思っていたときには、使えなかった身体感覚が、女性をボールだと思ったときに使われ始める。そして、女性に対して、女性の歩き方と合うようなリズムで近づいていき、近くもなく、遠くもない位置から、相手のことを丁寧に見た上で、怖がられないように声をかけることができるようになった。

この場合、彼に対して、声のかけ方を一から伝える必要はない。もし伝えてしまったとしたら、それは僕のやり方であって、彼に適したものではないかもしれない。それよりも、すでに本人が持っている感覚を使えば、自然と目的に合わせて身につけるべき行動ができるようになる。

▼10 相手の話をただ聴くことができない理由

他人の役に立とうとすることが、最も相手の話の流れを遮ることになる。

役に立とうとすることは、自らを主張することになりかねない。役に立つか否かは、自分がしたことだけではなく、相手がそれを受け取ってどうしたかも重ね合わさった上で偶然訪れる結果である。実際に役に立ったとしても、そのときには相手はそうは思わず、数年後にそう思うことだってある。

僕自身も気づかないうちに役に立とうとしてしまっているときがある。そうすると、どのように役に立とうかとするばかりに、相手の話を聞くことへの集中が途切れてしまっている。そういうときは、役に立ちたいという内面の感覚に意識が向き過ぎて、相手のことを見られなくなってしまっている。

これは相手の話を聞く限り、必ず起こるといっていい。もし役に立ちたいという気持ちなどまったくないと思ってしまったら、それは誤りであると僕は自分に言い聞かせている。きっといくらかは必ずその役に立ちたいという気持ちがあるだろうという注意深さがなくなってしまったときには、より丁寧に話を聞こうという気持ちを失っている。

カウンセリングの技術に、相手の話を受けて、相手が言ったことをそのまま返すものがある。

「昨日カレーを食べたんですけどすごく美味しかったんですよ」

「へぇ、美味しかったんですね」

というように。

カウンセリングを勉強し始めたばかりの人が多用してしまう技術である。

もちろん、そのまま返すだけでも、余計なことを言われるよりはクライアントの話の流れから逸れず、クライアントが自分自身を見つめることができるので便利な技術ではある。

しかし、それをただの技術として捉え、話が分からないときにもとりあえず「〜なんですね」と返していると、丁寧に相手の話を受け取ることからどんどん離れていってしまう。相手の言っていることを理解していないのにこういった技術を使うのは、そもそも、役に立とうとしたり、うまく対処しようとしたりするからである。それは、相手の話を受け取っているというよりも、自分がその場でうまくできているように見せたいだけである。きちんと対話をしたいなら、相手の話がよくわからないのにわかったような顔をして返事をしてはいけない。わからないなら、よくわからないときちんと相手に伝えることが誠実な反応だ。

話を聞いているときに、そのような自分のエゴから来る考えが生まれていないかどうか。それを誠実に捉え続けることで、相手の話をより細かく受け取ることができるようになる。

とはいえ、技術を覚える過程では、そうしてしまうことはある。その過程を経ながら、相手の話を聞くことを覚えていくものだと思う。そうしてしまうことは仕方がないが、役に立ちたいと思って相手の話を遮ってしまったり、よく思われたいと思って分かったフリをしてしまったりしていないかを捉えることで、相手と向き合うためのより良い方法を模索することができる。

▼11　対話の中でのアドバイスの弊害

相手に対して、

「こうした方が良いよ」

と行動の指示を与えるアドバイスをしてしまうと、相手はそれに対してひとまず、

「なるほど」

とか

「そうやってみます」

という迎合という反応か、

「いや、自分はそうは思わないんですけど」

という反発という反応をしなければいけなくなる。その反応をさせてしまうことで、その人の話の流れが止まってしまう。

反発はもちろん抵抗であるが、迎合もまた一つの抵抗である。迎合するとき、こちらに気を遣ってしまっていて、本心を言えなくなってしまう。そうすると表面上は話がうまくいっているように見えても、後日うまくいっていなかったことが分かる。営業やデートなら次のアポイントがとれないとか、上司、部下、友人、恋人などとの関係なら、相手が心を開いて自分の話をしてくれなくなってしまう。またアドバイスをしたことを実際にはしてもらえない。

特にアドバイスをしてしまったときには、すんなり受け容れてもらえていることはほとんどなく、この二つの抵抗のどちらかが起きていると考えた方が、相手に対する注意深さを失わない。

カウンセラーのアドバイスに対してだけでなく、目上の関係性にある人のアドバイスに対しても反発することは難しい。相談者はこちらの機嫌を損ねないように一先ず迎合することの方が多い。もし相手を尊重したいと思いながらも、アドバイスをしてしまい、迎合されてしまったら、それによって相手の心を閉ざしてしまっていると思った方が良い。

その場合、アドバイスをせずに、もう一段階相談者が気持ちを深く感じられるような質問をしたり、何も言わずに待ってみたりすると良いだろう。そうすると、相談者は自ら話を続け、場合によっては自ずと答えを見つけられることもある。

自分がしたアドバイスで相手が失敗した場合、相手から恨まれてしまうことがある。相談者は藁をもすがる思いで話をしに来ることがある。藁をもすがる者は、他人の言うことを一先ず何でも聞いてみようとする。こちらが気楽にしたアドバイスであったとしても、相手はそうした必死さで受け取ってしまう。

しかし、そのとき、相手がそのアドバイス通りに実行した結果について、責任をとることはできない。

また、アドバイスをしてしまう場合、「それは本当に相手のためだろうか？　自分の話をしたいだけではないだろうか？」と自分に問いかけてみることも大切だ。

自分の話をするのは心地よい。その心地よさを味わうために自分の話をするのなら構わない。しかし、相手のためだと思い込みながら、自分のために自分の話をしているとしたら、それは失礼な行いだし、きっと相手がしたかった話からも逸れてしまっているだろう。

アドバイスをしそうになったとき、自分が何のためにそうしようとしているのかを捉えて踏み止まってみると、相手に対する意識が抜けていて、「きっとこいつはこうだから、こうした方がいい」というように、自分の思い込みの中に入り込んでいることに気がつくかもしれない。相手に対する意識を失わず、相手の一挙手一投足を捉えながら、どのような感覚や感情を持ちながら話しているかを捉えていると、アドバイスを使わずに自然と相手が自分で答えを出すように話を聞くことができる。

▼12 褒めることの弊害

褒められて嬉しいと、また褒めてもらいたいと思うものだ。それは褒めてくれた相手への好意とも言えるし、依存とも言える。褒められた人は、褒めてくれた人自身が好きというよりも、褒めてもらった体験を再び求めている。

はじめはそれでいいと思うかもしれない。褒められた人は、また褒めてもらうために何かを頑張ることができるようになるかもしれない。しかし、もっと褒められるために行動をするようになると、次第に、それが本人のしたいことであるかどうかは疑わしくなっていく。褒めてくれる人の承認がなければ、行動ができなくなってしまうこともある。

褒めることにはそれだけのリスクがある。褒めてはいけないというわけではない。しかし、そのリスクを自覚しないまま、相手の好意ややる気を引き出した分だけ、いつか責任をとらなくてはいけなくなるときがくる。

相手が依存してきて「もっと褒めて」と来るようになって、それにうんざりとしたとき、それが自分の蒔いた種だという自覚がなければ、相手を無責任に責めることになってしまう。酷いときには、「他人から褒めてもらうことばかり考えずに、自分でやりたいことをやりなさい」と言ってしまう。しかし、それは自分が蒔いた種なのだ。

逆に言えば、もし相手を依存させたいと思えば、褒めることは有効であるということでもある。

自分が人を褒めるとき、どんな気持ちで褒めているのだろうかと自分自身を観察してみる。何を言っていいか分からないから相槌のようにとりあえず褒めておくということもあれば、褒めたら喜んでもらえるから嬉しいと思って褒めることもあるかもしれない。それは間違いなく相手のためではなく、自分のためである。自分のために相手に言ったことで、相手が依存してくるようになってしまう。それを自覚した上で、依存させるために褒めるのなら良いだろう。だけど、もし相手のために良かれと思ってやっているのなら、危険なことだ。褒めることは貶して自己嫌悪を味わわせることとも同じくらい、他人を自分に縛り付けるために有効な方法なのだ。

また、相談者に自信がなく、褒めてもらいたいという態度で来ることもある。そこで安易に褒めず、相手が話しながら、さらに自分自身の内面を感じられるようにするような話の聞き方ができれば、褒められることではなく、自分で答えを見つけることによって相手は自信を持つことができる。そうすると、自信のない人を褒めて、その人から依存されるようにはならない。

自信のない人間、自分を弱いと思っている人間の強さを侮ってはいけない。

彼らはその弱さを使って他人を誘導することに長けている。何も言わない代わりに、褒めてもらったり、励ましてもらえるような余白を会話の中に作り続ける。黙って何も言わないと、目の前の相手はどうすれば良いか分からずとりあえず褒めてしまったり、励ましながらアドバイスをしてしまう。彼らがそのようにうまく他人を誘導していることを知らないと、自分の内面を語らない人間に対して、内面を語らせるようにするよりも、このような外側から何かを与えるような言葉をつい与えてしまう。

自信のない人たちはそうやって周囲に適応している。そして、また周囲はさらに彼らにアドバイスをしたり、褒めたりして、彼らを他人に依存する人間にしている。こうした環境の中で彼らの自信のなさが育まれているのだということを見損ねてはいけない。

褒めてもらいたそうに何かを言ってきた人に対して、

「あぁそうなんだ」

と落ち着いて答えられることは大切である。もしそこで意識せずにうっかり褒めてしまったり、その自信のない様子を見兼ねてアドバイスをしてしまったりした場合、弱さを武器に使う人間にうまく誘導されてしまっているとも言える。

人に褒められるという一時的な快楽を外側から与えるよりも、**自分自身で答えを見つけるという快楽**を生み出せるようになるための手助けをすることの方が、その人をきちんと一人の人間として扱っている。

▼13　話者のイメージの中に留まる

話を聞いていてよく分からなくなると、聞いた話から自分が勝手に連想して質問をしてしまうことがある。そうしてしまうと、その人が話している話の流れから逸れてしまい、話者の中に形成されているイメージが壊されてしまう。壊されると、話者は改めてイメージを形成し直さなければいけない。話を遮られたとき、また話をし始めるのが大変であることは誰でも経験したことがあると思う。

たとえば、恋人との関係についての相談であるのに、以前に付き合っていた人ともそんなことがあったのかと聞くことも相手の話のイメージを壊してしまう可能性を孕んでいる。それなら話は逸れていないと思うかもしれないが、話者が今の恋人との関係についてのイメージをさらに膨らませているとしたら、それまでの恋人との関係についての質問はそのイメージを壊してしまうのだ。そうではなく、話者が今の恋人との関係についてのイメージを膨らませていった先にこれまでの恋人とのことも自ら連想しているのであれば、イメージは壊さずに相手はそのままの流れで話しやすさを感じたまま話してくれるだろう。

しかし、それを連想しているか否かは外側からはなかなか分からない。

話の流れはいつでも話者から提供されると思って待ってみると、話者の話そうとしているイメージを壊さずに聞くことができる。

▼14　コミュニケーションのパターンが変わるとき

僕は幼い頃から、集団の中心にはおらず、基本的には端の方で彼らを見ているような、どこに行ってもアウトサイダーになってしまう人間だった。どんなところに行っても、中心で声を大きくするようなことはなかったし、そのように振舞っている人を見たり、そういう人と接するのが苦手だった。

だからなのか、騒いでいる人たちを見ると胸が締め付けられる。自分は見た目も雰囲気も話し方も彼らに好かれるようなものではない。趣味もまったく合わない。

クラブはこういう僕にとって最も苦手な空間だ。ここでナンパをするなんて苦しくて堪らない。僕ほどこの空間が苦手な人間はいないだろうと思うくらいに苦手だ。そのクラブで苦手意識を克服するためによくナンパをしていた。

ある日出会った女の子は、そのクラブによくいるダンサーだった。

そういった騒がしい場を楽しんでいる、僕の一番苦手なタイプだ。酔った勢いで、虚勢を張って彼女に話しかけたのがきっかけで仲良くなった。

それから別の日にデートをしたとき、彼女に、

「ああいう場所も、ああいう場所にいる人も苦手なんだ。仲良くなれるような感じがしない」

と正直に言った。そのときの彼女に言われた一言が忘れられない。

「何言ってるの？　高石君はニコッと笑ってるだけでいいのよ」

その一言を聞いたときに僕は何か信じられないことが起こったような感じがした。もちろん、これは好きになってくれた女の子特有の盲目さが彼女に言わせた言葉でもあるだろう。しかし、僕とは相容れないと思っていた女の子にその一言を言われたときに、僕の強固なパターン化された思考が崩されていった。

楽しそうにしている人たちを見て自分とは違うなと思うのは、僕の幼少の頃からのパターンだと言えばそうかもしれない。しかし、それをトラウマとして扱えば、何か得体の知れないものが自分を動かしていて、自分の人生がどうにもならないように思ってしまう。また、トラウマを解消してもらえればどうにかなると、他人任せになってしまうこともある。トラウマであろうがなかろうが、これは幼い頃から続いた考えや行動のパターンであることは事実だ。実際のところ、僕は彼女の一言を聞いてから、何かが変わった。騒いでいる人たちとの距離が少し縮まったというか、彼らのことをもう少しちゃんと知ろうと思った。それまでは、完全に敵扱いで、虚勢を張ってどうにかして打ち負かすことしか考えていなかった。そうやって考え方や、相手に対する見方、実際の行動が自然と変わっていた。

彼女からは、彼女自身も悩みを抱えていて、それを忘れるためにそういう場所に出かけるということを聞いた。きっと、僕を変えた彼女のあの一言がなければ、その話を聞いて、彼女を馬鹿にして、また打ち負かそうとしただろう。だけど、その話を聞いたときに、自分の中で、彼女の弱さを認められるような感覚があった。彼女がノリ良く騒いでいたとしても、それまでは僕は虚勢を張って一緒に騒ぐか、虚勢を張る元気がないときはしんどさと、得体の知れない自信のなさを感じながら苦笑いをしていたが、それからは自分の好きなようにしていられるようになっていた。

セラピーでは、過去の辛かった体験を思い起こして、その体験をさまざまな視点で追体験していくという方法もある。その方法が有効ではないということではない。そこで行われていることは、過去の体験を新しい視点で見るということである。僕が彼女に言われた一言もまた、そのような機会を与えてくれた。

人生の中では、愛情を持ってくれた誰かの一言が、セラピーをはるかに凌ぐリアリティで、自分の心の硬直したものを貫くことがある。

強固なパターンを持っている人が目の前に現れたときに、そのときのことを思い出すことがある。相手の過去を掘り返して分析するような形ではなく、いったいどんな感じでその人が自分や他人を見ているのかを感じて、その人に僕がどのように接することがその人の頑なな気持ちを溶かすことができるだろうかと。また、あるいは、その人がそうした今までのパターンとは違う体験をするために手助けできることは何かと思いを馳せる。

自分はそのときの聞き手でしかない。その人の人生を変える大切な体験は、その後に訪れるのだということを思うと、より長い時間軸を想定しながら、その人が変わるかもしれない新しい体験を一緒に見出すことができる。

▼15　自己嫌悪を味わわせないことの重要性

自己嫌悪を味わうと、話し手は硬直して、心を開いて自分の感覚を話すことができなくなってしまう。自己嫌悪とは、

「自分はこれでいいのだろうか」

と考え込んだり、

「やっぱり自分はダメなんだ」

と思ったりする感覚である。そこにはまってしまうと、先に進まなくなる。なぜなら、話し手は相談をしながら、自分の感情や感覚を普段以上に十分に感じたときに答えを見出すからである。自信をなくし、心を閉ざして、その感情や感覚を感じることができなくなってし

まっては、答えは見出せなくなってしまう。

しかし、聞き手としては、自分の価値観とは違ったり、思い通りに進んでくれなかったりすると、ついアドバイスやダメ出しをしたくなる。

「そういう考え方は良くない」

「そんなこと考えても仕方ない」

「そう思うからダメなのではないか」

「そんなことばかりしていても意味がないのではないか」

「もっとポジティブに考えた方が良い」

……他人に対する指示はほとんどすべて、自己嫌悪を味わわせて停滞させてしまう可能性がある。もし停滞させてしまったら、停滞から抜けて動き出させるようにまた話を聞いて……と二重の労力がかかるようになり、話し手を苦しめるばかりか、聞き手もそれに苦しむことになる。

酷いときには、

「そうやって悪いところを指摘してくれる人がいた方がいいでしょ」

などというような無理矢理な自己肯定を聞き手自身が自分ですることもある。説教好きの人がよくやるパターンだ。このとき、そう言われてしまった人の感覚の流れは止められてしまい、自分で答えを見つけられなくなってしまう。

▼16 解決よりも大事なこと

相談を受けたからといって、必ずしも相手がその場で自分で答えを見つけて解決するとは限らない。話し手が自らの感覚を感じる力が高ければ、問題は解決に向かいやすいが、もし相手が自分の感じている感覚を捉えることをなかなか手助けできない場合は、

「答えを出させてあげたい」

という気持ちをいったん聞き手が捨てる必要がある。

なかなか答えが出せない相手に対して、この「答えを出させてあげたい」という気持ちは引き起こされる。そうなると、相手に対してアドバイスをしたり、酷いときには怒ったりしてしまう。

自分で答えが出せない人間は、周りにそうやってアドバイスをされ続けるか、怒られたり、無視されたりし続ける。彼自身がそのようであれば、周りの人間も彼にそう接し、周りがそう接するからこそ、彼もまた自分の感覚をじっくりと感じて言葉にするような対人関係が築けずにいるのだ。

聞き手はそのような彼と周りの関係があってこそ、今の彼自身がいるということを念頭に置いておく必要がある。そうすると、彼にアドバイスをしたり、答えを出せないことを怒っ

たりしたいとは思わなくなる。彼の苦手としている、

「自分の感覚を味わい、その中に答えを見つける」

という機会をゆっくりと一緒に作りたいと思えるようになる。

感覚を味わって、それを人に伝えることが苦手な人との会話は、このようなものになりやすい。

「上司となかなかうまく話せないんです」

「そういうときってどういう気持ちなんですか？」

「いや別に。特に何も。だけど、うまくいかないんです。どうしたらいいですか？」

これではなかなか話が進展せず、表面的な出来事ばかりをなぞることになる。

しかし、うまくいかないときの感覚や感情を話し手が味わい始めることができると、その中で本人が次にやるべきことを見出せる。

こういうときに「うまくいくようにするにはこうすればいい」というような答えを与えず、話し手がうまくいかない感じをどのように味わっているのか、そのときにいつもどんな気持ちでいるのかを、少しずつでも味わえるようになることを大切にした方が、結果的には、本人が答えを見つけ、他人との新しい関係性を築けるようになるための近道になる。

▼17　感覚を味わうことのモデル・ケース

何でもすぐに言葉にしてしまって、自分の感情や感覚を感じられないというクライアントがいた。彼は別に何かを考えているわけでも、感じているわけでもなく、すぐに他人に返事をしてしまう。返事は、

「へぇそうなんですか」

「すごいですね」

と軽い。なかなか他人と仲良くなることができないと言う。それは軽いことが相手にも伝わってしまうからかもしれない。

「いつも人と話しているとき、どう感じているんですか？」

と聞くと、

「自分でも反応しなければいけないから反応しているだけで、思ったことを言えているわけではないんですよ。だから、どう感じているかと聞かれても、特に何も感じていません」

と言った。そう言いながら、すべて言葉での説明をして、感じることを拒否しているように見えた。それはきっと彼にとってやり慣れている得意なことなのだろう。そのときにこう

いう質問をしてみた。

「そのすぐに他人に返事をするときって、言葉にするとどんな感じでしているんですか？」

彼の動きが一瞬止まった。それまでは僕にすぐに反応して、自分の感覚を味わっていなかったのが、自分の感覚の中に答えを求めているように見えた。いつも話し相手をじっと見据えていた彼の視線が少し斜め下に落ち、彼の外側に向き続けていた意識が内側にも向かった。こうして一つの質問を受けて、トランスに入ったとき、人は自分自身の感情や感覚を感じ、自分で答えを見つけられるようになる。

「いや……なんですかね……焦っているんですかね……」

彼は、すぐに返答をしていたときは、自分が焦っていたと気づいたのだった。焦っているから、自分の中で感じたものではない言葉をすぐに口に出してしまうのだ。そうなると相手との会話は進展せず、話をしているように見せかける空虚な言葉が差し出され続けるだけである。それでは、相手から文句を言われることはないだろうが、話し相手としてつまらないから次第に相手にされなくなってしまう。

また、彼は焦ってすぐに返事をしていることを自分自身にも隠していた。それが他人に指摘されるのではなく、自らその焦りに気づいたことで、認めることができた。

それからは、彼はすぐに返答をせず、自分の感覚を感じて、咀嚼して、言葉にすることができるようになっていた。

▼18　相手の話からイメージを作っていく

他人の話を聞くときのコツは、とにかく相手の伝えたいことを受け取ろうとすることだ。往々にして、伝えたいことを受け取ることよりも、話を聞いているような雰囲気を作るための行動ばかりに集中してしまうことがある。頷いたり、褒めたり、自分の意見を言ってみたり……実際、それらの行動は話を聞いているような雰囲気を作るだろう。

しかし、それらの行動を無理して行うことで、相手の伝えたいことを受け取ることに集中できなくなる。

自分の中に相手から聞いた話はイメージとして広がっているだろうか。**一つ一つの言葉からイメージをもらって、相手の体験したことを自分の中にも作り上げていくと、イメージを作**

り上げるのに欠けているものが見つかる。そしてその部分がどうなっているのかを聞いてみることで、相手と一緒に話を展開させていけるようになる。

たとえば、

「Aさんは私のことが嫌いなんです」

と言われたときに、自分の中には、人から嫌われているという不快感とAさんのことが気になる感覚を話し手が持っているように感じられたとする。そうすると、それは実際にそう言われてそう思ったのか、それとも話し手が思っているだけなのかが気になる。

「実際にそう言われたんですか？」

と聞いて、

「いえ、だけど、なんとなくそう思うんです」

と言われたときに、話し手の体験がより明確になる。

話し手はAさんに嫌われていると思い込んでいる。しかし、それがどのようなきっかけからで、そのきっかけからどう連想して嫌われていると思うようになるにいたったのかは分からない。そうなると、

「何かそう思うようになったきっかけみたいなものはあるんですか？」

と聞きたくなる。

このように、自分の中で相手の感覚やイメージを再現していくと、聞いておきたいことが自然と生まれてくる。上手な話し手になればなるほど、こちらが聞かなくても、気になることを丁寧に埋めながら話してくれる。彼らは相手の中に自分の話がどのように理解されていっているかを感じる力に長けているからだ。

しかし、すべての人がそうであるわけではない。特に、自分の話したいことが上手く話せないと感じている人の話は、穴がたくさん開いていて、穴が開いたままどんどん話が進んでしまうので、話し手も話せたような気がしないし、聞き手も穴の開いた形でしか相手の話が分からない。また、そのような穴がたくさん開いた話に対して、自分の意見を挟んだり、無理に褒めたり、とりあえず頷いたりしていると、余計にわけが分からなくなる。

相手の中にあるイメージはどんなものなのか、関心を寄せ、そのイメージを自分の中にも作り上げることに集中していると、そのような余計なことをせずに聞けるようになる。

褒めたり、意見を言ったりするのは、相手の伝えたいことを受け取った後の方が良い。そうすると、話し手もきちんと話を聞いてもらえたと感じているので、褒めてもらうこともすんなりと受け容れやすい。また、こちらの意見についても、話をして考えが整理されているので、落ち着いて丁寧に聞いてくれる。

▼19 誘導とは何か

人の話を丁寧に聞くことができるようになってくると、人は一時にいろいろな気持ちを持っているのだということが感じられてくる。相反する気持ちを抱えながら、選択をできずにいることは多い。

たとえば、今までやってきた仕事に対して、以前ほどのやる気が出ないという人に、期待してくれている人のために頑張りたい気持ちと、その仕事には飽きてしまっている気持ちがあると告げられたとする。そういう人の話を聞くとき、気をつけなければ、相手の気持ちをこちらが誘導してしまうことになることがある。

たとえば、

「そっか、期待してくれている人のために頑張りたいという気持ちがあるんだよね」

と言ってしまうと、それは誘導になる。一見ポジティブだが、相手を頑張らせる方向に誘導している。同様に、

「もう飽きちゃったんだね」

も誘導である。

「期待してくれている人のために頑張りたい気持ちと、それをやること自体には飽きているという気持ちの間でどうしようかと葛藤しているんだね」

と伝えれば、誘導ではない。それはただ相手が感じていることだ。相手の言葉を十分に受け取って、相手の言葉で応答すれば、余計なものも入らないし、一部をなかったことにしたりすることもない。

もしかすると「期待してくれている人のために頑張りたいんだね」と言ってしまうとき、それを言った人の中にはこの人を頑張らせたいという気持ちがあるかもしれない。それは相手に対する善意だとしても、相手の行動を、自分の価値観でコントロールしようとする意志のある応答になる。「飽きちゃったんだね」の中にも、「飽きたら別のことをやればいい」という自分の価値観が入っているかもしれない。どうするかを選択するのは本人であることを忘れてはいけない。他人にできることは、自分の気持ちをより丁寧に見つめることを促すことだ。

こちら側に何か、相手の行動を促したいという気持ちがあると、自分でも気づかないうちに誘導してしまっていることは多い。それは上司なら、部下に頑張って欲しいと思う気持ちであるかもしれないし、自分に話したおかげで迷っていたことがうまくいったと思ってもらいたいという気持ちであるかもしれない。それらの気持ちは、本人の中で〝相手のため〟と思っているときは、善意として感じられているが、実際のところは〝**自分が良いと思う選択を相手にとらせようとしている**〟のである。

自分の相手への返事の中に、自分自身の価値観が含まれていないだろうかと捉えられると、相手がこちらの誘導を受けずに選択をすることを尊重することができる。

▼20　価値観ではなく、感覚を育む機会を作る

カウンセリングは、価値観を他人に与えるものではない。

「これは良くない」
「これは良い」
「これはこういうものだ」

という言葉は価値観を与える。それをすることは簡単なことかもしれない。自分の意見を言えば良いだけの話だ。相手が自分のことを好きだったり、相手が自分のことを社会的に立場が上だと思っていたりするような、言葉を鵜呑みにされるだけの関係性があれば、簡単に

価値観を与えることができてしまう。立場の弱い人や自信のない人は、そういった価値観を与えられやすく、他人に翻弄されやすい。

価値観を与えるのではなく、じっくりと自分を見つめて答えを出す感覚を育んでもらう機会を作ることがカウンセリングだ。

それが成立するなら、カウンセリングである必要はないと僕は思っている。食べることや料理を作ることだったり、踊ることだったり、絵を描くことだったり、神社や公園など、ある場所に行くことであったり、新しい感覚を得て、自分をより見つめられるようになる機会はたくさんある。

しかし、他にもそういう機会がある上で、そういった感覚を持ってもらえるような会話をするということにはどのような意味があるのだろうか。

他人との言葉のやりとりの中では、意図せず価値観を与えてしまう可能性がある。その中で他人を尊重するとはどういうことなのか。他人との会話では、意図せず価値観を与えたり、与えられたり、傷つけたり、傷つけられたり、騙したり、騙されたり、そういった現象が起こりやすい。それだけに、他人と自分の感情や感覚を尊重するとはどういうことなのかと考える機会になると僕は思う。

とはいえ、僕はこの本の中で、それが真理ではないのに真理だと思わせてしまうような、価値観を与える言葉を散りばめてしまっているはずだ。何かのやり方を伝える本だから、その自分の中の矛盾はどうにも解消できなかった。はじめに書いたように、ただこの人はそう思っているんだなというように、一人の人間がコミュニケーションについて考えたこととして、参考程度に読んでもらえるとありがたい。

▼21　他人を受け取る

僕に向けられたある人々の寂しそうな顔、悲しそうな顔、また、泣き叫んだり、怒ったりしながら何かを必死に訴えかけてきている顔。それがいつまでもフラッシュバックし続けることがある。

フラッシュバックするのは、彼らが僕に伝えたかったり、受け取って欲しかったりした感情を僕が受け取れなかったときだ。黙り込んだり、叫んだりして、僕に何かを訴えかけたかったのはわかる。なんだか寂しかったり、悲しかったり、わかって欲しかったりしたのもわかる。だけど、その感情をはっきりと受け取れなかったとき、僕はたいてい彼らと仲違いした。そして、別れてからずっと、そのまま彼らのことがフラッシュバックし続けて、彼らのことが気になり続ける。

しかし、それだからといって、彼らに会ったところでまた同じことをくり返すだけだ。そんなことは何度もある。フラッシュバックが続くと、徐々に彼らの顔は、年齢が幼くなっていって、子どものようになっていく。

小学生の頃や幼稚園の頃の彼らが、家族や友だちとの関係の中で、孤独や寂しさを味わっている様子が僕の中で再生される。もちろんこれは僕の空想でしかない。彼らから聞いたことのある過去のエピソードを元に想像されることもあるし、そういうものとは関係なく思い浮かぶこともある。

僕に訴えようとしたのは、こういう感情なのだろうかと、その再生されたものを自分の内側で感じながら思う。

ある女の子は僕に泣き叫びながら理不尽なわがままを言っていた。僕はそれを受け容れられずに、彼女と別れてしまった。

女の子からは、幼稚園のときに、友だちと遊ぶために電話をかけるのを親に頼んだら、「自分でかけなさい」とかけてもらえず、いつも誰とも遊べずに泣きながら部屋の隅で一人で遊んでいた話を聞いた。彼女と別れてからは、僕の中に、その部屋の片隅で一人になって遊んでいる女の子がずっと居続けた。その小さな女の子が思い浮かぶたびに、なんだかわからないが胸が苦しくなり、寂しくなった。

あるとき、またその小さな女の子が部屋の隅で泣いている様子が思い浮かんだ。そのとき、いつもよりもその寂しさを受け容れられる気がしたので、拒絶をせずに、じっくりと彼女と向き合い、彼女が僕に与える寂しい感じを味わってみた。そうすると、なぜか自分の中学三年生だったときの誕生日のことが思い出された。

そのとき、僕は不登校で学校に行っておらず、一人で部屋の中に籠っていた。家族仲も最悪で、両親は離婚しかけていた。誕生日に部屋に籠って、一日中寝ていた。自分はなんてつまらない生活を送っているんだろう、そしてこれからもそれはきっと変わらないのだろうと思いながら、寝たり起きたりをくり返していた。

夕方に祖母から誕生日のお祝いの電話がかかってきた。祖母は僕の誕生日を毎年大事に祝ってくれていた。祖母から「誕生日ね、良い一日にね」と言われたとき、こんな誕生日を過ごしている自分を祖母に申し訳ないと思いながら、「うん」と曇った返事しかできなかった。

その日のことを思い出したのは久しぶりだった。

そのとき、小さな女の子は僕に訴えかけているように思われた。

「あなただって、この寂しさを知ってるでしょ」

と。僕は自分の中に繰り返し現れる小さな女の子に対して、いったいなぜ自分にその寂しさを訴えかけ続けてくるんだと困惑していた。また、実際に僕にわがままを言ってきた女の子にも、同じように、一体なぜそんなわがままばかり僕に言うんだと思っていた。

「あなただって、この寂しさを知ってるでしょ」

そのメッセージを受け取ったときに、自分が頑なに、その寂しさを感じないようにしていたことに気がついた。その寂しさを感じたら耐えきれなくて、自分がおかしくなってしまうと思っていたのだろう。しかし、それを受け取ったときには、いくぶんか晴れやかな気持ちになった。「そうだよね、そういう寂しさも人にはあるよね」と。

それからは、小さな女の子が僕の中にときおり現れても、彼女は僕に寂しそうな顔を向けてこなくなった。また、他の人がその寂しさを向けてきても、「よくわからない感情を向けられている」とは思わずに、「あぁそうか寂しいのか」とそれを受け容れることができるようになった。

それはどのような受け答えをすれば他人の寂しさを受け容れられるかというコミュニケーションのノウハウとは違う。僕自身がその寂しさを自分の中に認めていれば、相手はそれを敏感に察知して、拒絶されているように感じない。自分がどれだけ自分の感情を見つめられているかが他人とのやりとりの中で表れる。

他人の感情や感覚、イメージを、同調して受け取ろうとすると、受け取りきれずに零れ落ちるものがある。受け取りきれなかったそれは、呪いのように僕の中に残り続けて、いつまでも気になり続ける。それを排除しようとすれば残り続けるが、その訴えに耳を傾けると、自分の失ってしまった感情を感じられるきっかけを与えてくれているのだということに気がつく。

僕の身体にはまだたくさんの、自分では感じられていない暗い部分がある。その暗い部分には、自分ではまだ光を当てることができない。そこには、自分が失った感情や、記憶が眠っている。そこに光が当たったときに、ある記憶を思い出し、自分が感じないようにしていた感情に気がつくようになる。そのとき、他人のそれに似た感情も受け容れられるようになる。

*

他人がいる。彼らは各々の生活をしていて、各々の記憶と緊張を持っていて、僕の目の前に現れる。そして、僕の中には彼らとの出会いによって見出される自分がある。

*

ある日、僕が敬愛して指導を受け続けていた先生が少し話をしようと呼んでくださった。

僕はずっと先生と話したかったが、怖くて話ができなかった。先生は僕を受け容れる感覚を持っている。それがわかっているからこそ、自分よりも繊細な感覚を持っている先生に教えてもらいに通っているのだ。そんな人と対等に話をすることはできない。何を話しても、僕は先生に受け容れられてしまう。そして、受け容れさせてしまう。だから、僕からは無遠慮に話して欲しいとお願いすることはできなかった。もし自分からお願いしたとしたら、自分の話をすることしかできないだろう。そうなってしまうことが僕は怖い。自分から話したいとお願いし、結局自分の話を延々とするなんて、それは相手を蔑ろにしているのと同じだ。

先生と話をした数十分間は至福のときだった。僕よりも細かい感覚で僕の話を聞いてくれていることがはっきりとわかる。自分の少しの視線の移動、呼吸の変化、思い浮かんだことを話しているか、考えたことを話しているかさえも、敏感に察知されている。その繊細な感覚が宿っている世界に、二人のいる部屋が変容しているかのようだった。

そして、僕よりも繊細な感覚で構成されたイメージが、先生の言葉、身振り手振りによって勢いをもって伝えられる。気を抜けばたくさんのものが零れ落ちてしまう。零れ落ちたからといって、それは呪いという形で残るものではないが、どうしてもすべて受け取り切りたいと思った。

時間が経つごとに、自分の感覚が加速していっているのがわかった。押し寄せてきたイメージが、僕の感受性をどんどん繊細に変えているのを感じた。こういうとき、涙が溢れそうになる。自分を越える豊かな感覚の流れが、僕の身体から溢れて、溢れた分だけ涙として出てきてしまうように感じられる。だから、自分の身体から感覚を溢れさすまい、涙を決して流すまいとする。

僕はこのときのことを、ふと思い出す。幸せな気持ちが全身に満たされる。その思い出された記憶や感覚が、あのときのように自分の感覚をより豊かになるように促してくれる。もっと世界や自分自身を細かく感じられるのだというように。

そのときの記憶が断片的によぎっていくのを感じる度に、その繊細さに自分はいつ届くだろうかと思う。

*

寂しさや孤独も、まだ見ぬ繊細な感覚も、人は会話の中で互いに交歓し合うことができる。自分の中に生まれた欲望、恐怖、虚勢、緊張、嘘を通り抜けて。

†引用文献一覧

ヘンリー・ミラー『北回帰線』(大久保康雄 訳、新潮文庫、一九六九)
谷川俊太郎『うつむく青年』(山梨シルクセンター出版部、一九七一)
モーシェ・フェルデンクライス『フェルデンクライス身体訓練法——からだからこころをひらく』(安井武 訳、大和書房、一九九三)
マルセル・プルースト『失われた時を求めて〈11〉第六篇 逃げ去る女』(鈴木道彦 訳、集英社文庫、二〇〇七)
カルロス・カスタネダ『イクストランへの旅』(真崎義博 訳、太田出版、二〇一二)
シャルル・ボードレール『悪の華』(安藤元雄 訳、集英社文庫、一九九一)
トーベ・ヤンソン『誠実な詐欺師』(冨原眞弓 訳、ちくま文庫、二〇〇六)
ジェフリー・K・ゼイク編『ミルトン・エリクソンの心理療法セミナー』(成瀬悟策・宮田敬一 訳、星和書店、一九九五)

著者略歴：

高石宏輔　*Hirosuke Takaishi*

1980年生まれ。慶應義塾大学文学部仏文学専攻中退。

在学中よりカウンセリングのトレーニングを受け始め、セミナー講師なども務める。その後スカウトマンを経てカウンセラーとして活動を開始。クライアントからの要望により、路上ナンパ講習も始める。2010年からコミュニケーションに関する独自のワークショップを開催、現在に至る。2012年には宮台真司氏とのトークイベント「愛の授業」に出演。また2013年には國學院大學にて催眠とコミュニケーションについての講演を行った。

共著に『「絶望の時代」の希望の恋愛学』（中経出版）がある。

【著者HP】http://takaishi-hirosuke.com/

あなたは、なぜ、つながれないのか
――ラポールと身体知

2015年5月10日　第1刷発行
2017年6月20日　第7刷発行

著　者――――高石宏輔
発行者――――澤畑吉和
発行所――――株式会社　春秋社
東京都千代田区外神田2-18-6（〒101-0021）
電話03-3255-9611　振替00180-6-24861
http://www.shunjusha.co.jp/
印刷・製本――萩原印刷　株式会社
装　幀――――美柑和俊
装　画――――山本英夫
本文イラスト―河村　誠

ISBN 978-4-393-36537-3

定価はカバー等に表示してあります